湛庐CHEERS

U1070569

与最聪明的人共同进化

HERE COMES EVERYBODY

高效的方法

THE JOY OF LEADERSHIP

HOW POSITIVE PSYCHOLOGY
CAN MAXIMIZE YOUR IMPACT
(AND MAKE YOU HAPPIER)
IN A CHALLENGING WORLD

[美] 泰勒・本-沙哈尔
TAL BEN-SHAHAR
[英] 安格斯・里奇韦
ANGUS RIDGWAY 著
王媛 译

四川人民出版社

泰勒·本–沙哈尔
TAL BEN-SHAHAR

哈佛大学心理学硕士、哲学和组织行为学博士，哈佛大学“最受欢迎的幸福课”讲师，积极心理学与领导力研究领域知名专家，多家著名跨国公司特聘心理咨询师、培训师。目前，他与合作伙伴安格斯·里奇韦一同，致力于个人及组织机构的优势开发、领导力提升等研究工作。

“幸福感是衡量人生的唯一标准”

泰勒·本–沙哈尔生于1970年，父亲是工程师，母亲是微生物学家。从小，泰勒便酷爱壁球，17岁就斩获以色列壁球公开赛冠军。在壁球领域取得成就，对泰勒来说是一种非常有意义的体验。受父母的影响，泰勒到哈佛后曾计划主修计算机科学。作为一流运动员，泰勒也异常活跃于哈佛各大学生社团之间。可是，泰勒一点也不快乐，用他自己的话说：“我在一个很棒的地方，有很棒的班级，周围都是很棒的人，可我还是感到很痛苦。”

当意识到问题出在自己身上时，泰勒决定寻求改变。在波士顿一个寒冷的早晨，泰勒找到指导老师，要求从计算机科学转到哲学和心理学专业。被问及缘由时，泰勒说：“因为我问了自己两个问题。第一，为什么我会不快乐？第二，我怎样才能变得更快乐？”从那时起，泰勒的人生便被改写。

积极心理学改变了泰勒。在哈佛读研究生时，泰勒真正进入了积极心理学领域，师从该领域的先驱之一菲利普·斯通（Philip J. Stone）。后来，泰勒继承了斯通教授的衣钵，于 2006 年春天在哈佛新开设了一门有关积极心理学的课程，目的在于把艰深的积极心理学学术成果简约化、实用化，教学生通过自我帮助，实现个人的蓬勃发展。这是泰勒开设“幸福课”的初衷。

泰勒坚定地认为：“幸福感是衡量人生的唯一标准，是所有目标的最终目标。”他试图把自己的原则都付诸实践。为了更好地建立一个有关幸福哲学的跨学科领域，帮助世界上更多的人获得幸福，泰勒放弃了在最高级别大学谋求职位的荣耀。当被问及是否幸福时，泰勒若有所思地说：“我回答不了，我不认为幸福是非此即彼的。可以肯定地说，我比 5 年前更快乐了，我也希望 5 年后的自己能更快乐。”

为他人的生活带来快乐，把繁荣的科学带给世界

泰勒在哈佛大学开设的“积极心理学”和“领袖心理学”课程曾被学生推选为“最受欢迎的课程”，他也因此被称为“哈佛大学最受欢迎的导师”。他的课程兼具实用性与可操作性，被众多企业家和高管誉为“摸得着的幸福”。

为了让更多的人更了解积极心理学，更好地将经过科学验证的积极心理学行为融入日常生活，泰勒在离开哈佛大学后，通过创建不同的网站和机构，成功地在大众与心理学、组织行为学、教育学和哲学之间建立起了通俗的桥梁。作为“潜能人生”（Potentialife）、幸福研究院（Happiness Studies Academy, HSA）、梅蒂夫中心（Maytiv Center）和快乐频道（Happier.TV）的联合创始人和首席学习官，泰勒说，他的人生目标就是为他人的生活带来快乐，无论这个他人是个人、团体还是组织。

美国公共广播电台（NPR）、美国有线新闻网（CNN）、美国哥伦比亚广播公司（CBS）、《纽约时报》和《波士顿环球报》等数十家著名媒体都曾对泰勒进行过专访和报道。同时泰勒还受聘为多家著名跨国公司的心理咨询师和培训师，为跨国公司高管、公众和高危人群提供咨询和讲座。

泰勒的幸福哲学很简单：“当你学会了如何为今天而活，以及如何为明天而活，你就学会了如何平衡眼前的个人需求和长期目标，享受从未有过的生活。”

安格斯·里奇韦
ANGUS RIDGWAY

领导力培训机构“潜能人生”（Potentialife）首席执行官与联合创始人，知名企业家、演说家、作家，全球著名咨询公司麦肯锡前高级合伙人。研究领域广泛涉及个人和职业发展、高绩效领导力和行为改变。

培养现在以及未来的新型领导者

安格斯于1966年生于利物浦。先后于英国诺丁汉大学（University of Nottingham）获得理学学士学位，于欧洲工商管理学院（INSEAD）获得工商管理硕士学位。

安格斯职业生涯的第一站就是全球顶尖的咨询公司麦肯锡。安格斯从一个“小学生”一路向上，最终成为麦肯锡在整个欧洲、中东以及非洲地区的战略咨询业务负责人。作为麦肯锡“全球领导力培育计划”的负责人，安格斯设计和实施干预计划，帮助公司1500多名合作客户挖掘潜能、培养高效领导力。

安格斯热衷于谈论与领导力有关的所有话题，如人工智能时代，人性化的领导方式应如何发挥作用；传统企业培训方法的改进；仪式的力量；技术在团队扩展中所起的作用等。

安格斯之所以对领导力感兴趣，是因为他在 20 年的管理咨询职业生涯中注意到两个现象：第一，大多数人对领导力都没有一个确切的定义；第二，无论给予客户多好的经营战略，总有一些客户不会去认真执行。

2011 年 4 月，安格斯在华盛顿主持召开了麦肯锡“全球 100 位最资深合伙人”年度会议。在这次会议上，安格斯邀请泰勒·本－沙哈尔就“个人优势”这一主题给领导者们做一次演讲。这次会议也成了他们二人合作的契机。

会议当天的晚宴上，安格斯和泰勒相谈甚欢，他们发现彼此苦恼的竟然是同一个令人担忧的状况，即大多数组织尝试打造新一代充满活力的领导者的努力都是失败的。针对毫无成效的领导力培育状况，安格斯与泰勒于当年合作创办了培训机构“潜能人生”，他们带领一群志同道合的同行者，整合积极心理学、行为科学和神经科学的最新思想，尝试以一个新的范式和一条新的路径告诉当今的领导者：若想创造卓越，究竟需要做些什么？

在这个飞速变革的世界里，安格斯和泰勒希望通过各自的努力，帮助每一位现在以及未来的领导者成为积极推动变革的高效领导者，并能鼓舞自己和周围的人追求共同愿景，获得幸福与成功。

致沃伦·本尼斯、理查德·哈克曼、菲利普·斯通，想念你们。

——泰勒·本-沙哈尔

致玛丽莎，感谢你源源不断的支持。

——安格斯·里奇韦

THE JOY OF LEADERSHIP

中文版序

在不断变化的世界中，获得持续提升与发展

中国正经历着前所未有的发展和变化，这些变化从很多方面都能体现出来。这些年来，我们每次来中国，都能亲眼见证她日新月异的变化。迅速扩张的高速铁路、耸入云端的摩天大厦、排列整齐的共享单车，以及方便快捷的移动支付系统，这些无不彰显着中国基础设施的蓬勃发展、财富的稳步积累以及数字经济的蒸蒸日上。

要想维持经济繁荣，促使个人持续提升与发展，就需要持久的变化，而且变化的步伐需要遵从一个全新的、强有力的模式。我们很高兴的是，带来效率倍增的 SHARP 模型正能为中国读者们提供这种模式。SHARP 模型，强调了人们如何通过日常生活中的细微改变，成为高效领导者，收获更多的幸福感并有着更好的工作表现。SHARP 模型中介绍的每个模块都不是可有可无的，而是你在不断变化的复杂世界中所必须要有的能力。

培养个人应对变化的能力不仅对每个个体很重要，对整个国家也同样重要。

人们已经认识到，在中国持续发展的过程中，创造了“中国奇迹”的制造业经济，并不能成为推动中国进入下一个发展阶段的主要驱动力。知识型经济和服务型经济的时代已经到来。因此，心态的转变将是开启繁荣新时代的关键。知识型经济需要一套新的行为模式，个人需要以创造和有目标的领导力为核心来掌握和运用它。针对我们在本书所探讨的 SHARP 模型，那些具备“10 倍领导力”的人，将会成为新经济的领跑者。

很多人错误地认为，中国面临的挑战是要在诸如知识型经济或产品型经济、集体主义或个人主义、工作或家庭、增长或稳定这些不同的理念之间做出选择。我们认为，这些选项并不是非此即彼的，而是相互独立且都应被抓住的发展机会。这一点在我们的领域被称为“兼容并蓄”，即看上去迥异的两个理念其实亦可共存，这与中国文化中道家的阴阳学说很相似。

最后我们想说的是，拥有高效领导力不应被视为一个终极目标，而应作为一个人们于其中不断品味与享受的成长过程。中国有一句话叫“摸着石头过河”，同样，领导力培育过程中也少不了不断重复的试验和调整。我们在这本书里所探讨的各种行为，只靠简单阅读来学习是不够的，也不能仅依靠顿悟来达到目标，而需要读者们在日常生活中将这一行为框架与体系落到实处，这样才能通过努力尝试成为更好的自己。

我们衷心希望这本书能够帮助你发现属于自己的高效方法，成为真正的高效领导者。

泰勒·本－沙哈尔

安格斯·里奇韦

THE JOY OF LEADERSHIP

目录

引言 挖掘自身潜能，成为“10 倍领导者” / 001

第一部分

飞速变革的世界
需要效率倍增的领导力

01 全新的经济模式为企业带来三种新常态 / 017

人员流动 / 019
角色转变 / 023
信息无限 / 026

02 关于领导力的六大误区 / 031

误区一：要成功就要完美无缺 / 032
误区二：想健康就要压力全消 / 033
误区三：巅峰体验极为罕见 / 035
误区四：领导者就要玩好“权力的游戏” / 036
误区五：找到理想工作，人生才有意义 / 037
误区六：只有成功才会幸福 / 039
摒弃错误，向高效领导者迈进 / 041

第二部分

SHARP 模型：使你效率倍增的领导力提升法

03 **专注优势，找到自己的最佳领导区** / 045
比弥补缺陷更重要的是发展优势 / 048
最佳领导区：两种优势的完美结合 / 052
设计“精熟体验”，树立领导自信 / 058
好领导应善于发现员工的优势 / 062
团队管理：创建优势互补的多元化团队 / 065

04 **比消除压力更有效的是安排精力** / 073
管理精力，而非时间 / 074
在“精力创造区”平衡损耗与恢复 / 077
学习“蓝色地带”的健康秘诀 / 081
利用积极情绪恢复精力 / 086
团队管理：创造真实的积极环境，提升团队恢复力 / 088

05 **拥有“时间的富裕”才是高效领导者** / 097
专念与“心流”的重要性 / 098
达到“心流”状态的三个条件 / 103
进入专念投入区，拥有“时间的富裕” / 105
团队管理：将专念注入领导力 / 113

06 **真实和积极的态度才能带来最优领导关系** / 121

真实性与积极性：人际关系的促进者 / 126

及时表达有效的认可与感激 / 131

团队管理：为团队创造心理安全感 / 136

07 **优秀领导者的意义感来自平凡日常每一天** / 147

有意义工作工具一：塑造工作 / 151

停留在“目标明确生活区” / 154

有意义工作工具二：重视过程而非结果 / 157

有意义工作工具三：利用故事的力量 / 160

团队管理：与员工共享目标 / 163

08 **SHARP 相伴，静待成功** / 169

协同效应：整合 SHARP 模型 / 172

比套用模型更重要的是成为自己 / 180

第三部分

提升领导力，持之以恒是关键

09 **我真的能够成功改变自己吗** / 183

可以改变的四种思维定式 / 184
从固定型思维转化为成长型思维 / 192
神经可塑性：改变自我的新途径 / 194

10 **用“勒温模型”持久实现效率倍增** / 201

解冻：挑战现有思考与行为方式 / 203
变革：用新方法将自己引至高效 / 205
再冻结：用习惯和自我提醒强化新路径 / 208
选择提醒方式，让改变持久 / 212

结语 **重温效率倍增法，成就自我与团队** / 217

致谢 / 225
注释与参考文献 / 227

THE
JOY OF LEADERSHIP

引言

挖掘自身潜能，成为“10倍领导者”

你大概认识这样一类人，我们姑且叫他特里斯坦先生，或者叫他“我很累”先生。

“我很累”先生在一家大型咨询公司工作，管理着一个团队，他每天早晨醒来都会感觉筋疲力尽。这天，“我很累”先生，哦不对，是特里斯坦先生刚起床，一眼就看到窗外的花丛里耷拉着需要修剪的枯败花朵，那是几年前的某个结婚纪念日，他特意为妻子种的玫瑰。特里斯坦先生曾经也是园艺爱好者，其实现在他也仍然愿意将这一爱好继续维持下去，只是苦于没有时间。喝完今天的第一杯咖啡，特里斯坦先生开始给孩子们准备带到学校的午餐。菜的种类经年累月老是那几样，孩子们看起来也不怎么喜欢，但特里斯坦一时半会儿也不想改变这些早已习惯了的固定搭配。最近已经有太多事来不及跟孩子们商量了，午餐这种小事就优先级来说，显然只能往后排。

工作上正逢季度末，各种需要赶工的季度报告都朝特里斯坦劈头盖脸地砸过来。但就像孩子们的午餐一样，对赶报告这类事，特里斯坦似乎也从没想着要做到绝对完美，所以这些报告总会被反复退回来做各种修正。修改报告时，特里斯坦就没时间给同事们回电话、回邮件、回传真了，要知道，在他没有深陷赶季度报告这种麻烦事儿时，特里斯坦总能给同事们提供很多有用的信息或指导。

娴熟的沟通技巧和随和的态度本来是特里斯坦在职场的制胜法宝之一，其实他也正是凭此在应聘面试中脱颖而出，最终被录用的。但后来特里斯坦却放弃了发挥自己在公关沟通方面的长处，转而去追求他认为有更高回报价值的行政管理事业。

特里斯坦一直在努力弥补自己在金融分析方面的缺陷，尽管他现在还是不擅长和数字打交道，但他仍然咬牙坚持跟进季度报表中的财务细节。无论是在办公室还是在家里，特里斯坦都常常要求团队其他成员跟他一起熬夜加班，同事们只好推掉和家人的晚餐，坐在小隔间里吃着外卖，与特里斯坦一起仔细检查报告。

特里斯坦上学期间是学校越野俱乐部的成员之一，但现在他几乎已经记不得最后一次步行回家是什么时候了，更不用说去健身房过把瘾了。特里斯坦为这份工作几乎掏空了自己，更糟的是，他非常确定即将到来的这次晋升没他的份儿。传言要升职的是那个“老好人”费莉西蒂，从在商学院上学的时候起，这个人就是特里斯坦的死对头。

特里斯坦在家里开始变得急躁，在工作中也变得易怒，他还觉得自己在团队中越来越被孤立了。特里斯坦很难招募年轻人到他的团队，部分原因是，当他一旦从某个年轻同事那里嗅到一点点野心的味道，他就会产生危机感，于是宁愿自己单干。

对特里斯坦来说，每天都是折磨，到了家，与家人的相处也充满了压力。特里斯坦总是处在电话和短信的“围追堵截”中，与此同时还要注意及时切换频道来兼顾老婆和孩子的心情……

特里斯坦就要进入不惑之年了，他想知道究竟是哪里出了错。

费莉西蒂确实即将晋升，事实上用不了几年，她就会成为这家公司的执行官。当下费莉西蒂和特里斯坦承担的工作都差不多，家里也都有小孩，但费莉西蒂每天清晨都是带着深深的幸福感醒来的，她感觉非常轻松。不过就像特里斯坦一样，费莉西蒂也被季度报告弄得无暇分身，但每当她感觉疲惫至极甚至无法思考的时候，她都会对自己喊“暂停”，并督促她的团队伙伴们跟她一起休整。

费莉西蒂和团队伙伴们始终保持着轻松且充满信任的关系，她的团队成员甚至还会取笑费莉西蒂不懂做电子表格来节省时间。然而，费莉西蒂有一个其他人都不具备的优势，即无论数据量有多大，她都能在一堆数据中快速抓住核心问题，在这方面，她仿佛天赋异禀。当团队成员向费莉西蒂口头汇报一些数字时，她总是可以准确地告诉他们哪里存在问题，通过研究电子表格，费莉西蒂也总能比其他任何人都迅速地搞清这些问题。人们喜欢和费莉西蒂一起工作，她似乎能够发掘出每个人身上最亮的闪光点，认可每个同事的优势，并帮助他们找到方法强化自己的优势。费莉西蒂的态度自然、随和，经常给同事们传递正能量。这家公司最聪明的员工都竞相加入费莉西蒂的团队，而费莉西蒂对此也总是热烈欢迎。费莉西蒂深知，只要她和伙伴们能够做到优势互补，那么他们便能让彼此变得更好。

费莉西蒂并不是天生运动神经就发达，但她每周至少有 3 天会去锻炼身体，哪怕最忙的时候她也仍坚持锻炼，以保持活力充沛。费莉西蒂的活力非常有感染力，她对工作也极为专注。费莉西蒂不仅能在工作上吸引其他人自愿和她共事，在家庭里亦是如此。费莉西蒂与自己的伴侣和其他家人一同建立起了一个支持系统，共同打理家庭事务。

尽管偶尔也会嘴馋吃点巧克力、喝点红酒，但费莉西蒂大部分时间都努力保持健康饮食。而且费莉西蒂的世界里绝不仅仅只有工作，就像大部分人一样，她觉得应该抽出更多的时间去陪伴家人，同时她也能说到做到。费莉西蒂对伴侣和孩子给予全心全意的关注，并确保和家人拥有高质量的相处时光。费莉西蒂在所在的社区也非常积极和慷慨，她为社区里的多家慈善机构都出过钱、出过力。

这就是特里斯坦和费莉西蒂。他们的成长背景、教育背景、生活环境，以及他们的天分与能力都相差甚微。两人都成长于普通中产阶级家庭，也都是各自家庭里第一个上大学的孩子；他们进了同一所商学院，都以数一数二的成绩毕业；他们在刚进入职场时都很乐观且对未来充满希望；他们都很聪明，有进取心，且看上去无所不能。

特里斯坦和费莉西蒂本来能以一种近乎相同的轨迹走向成功。但在他们三十几岁的时候，差别却越来越明显。特里斯坦在困境中踉跄挣扎，而费莉西蒂则顺风顺水，事业蒸蒸日上。就工作表现和整体幸福感来说，他们之间的差距也越来越大。

这两个例子适用于你的不同状态吗？想想自己的最佳状态，再想想自己敷衍了事时的状态，这两种状态里你在感受和成就上的差别可不止 5%，而是比 50% 还要大。

THE JOY OF LEADERSHIP

蓬勃发展和挣扎低迷之间的差异大得惊人。人们在这两种状态下，在对工作的品质要求、投入程度以及最终收获的成果数量上，有着近 10 倍的差距，因此我们给做到最优级别的人起了个名字，叫作“10 倍领导者”。

“10 倍领导者”做任何事看起来都不怎么费劲儿，和他们一起共事你也会很轻松。他们能够让每个人发挥最大的潜力并做到最好，也能够帮助团队和组织获得成功。“10 倍领导者”是理想的老板、理想的合伙人，也是理想的同事。

“10 倍领导者”，或者“10 倍领导组织”是真实存在的，但也是稀缺的。这种稀缺引发了人们的诸多疑问。最终，我们，即安格斯·里奇韦和泰勒·本－沙哈尔，创建了培训机构“潜能人生”（Potentialife），去培养现在以及未来的新型领导者。

哈佛大学、麦肯锡与“10 倍领导力”

安格斯职业生涯的第一站是全球著名咨询公司麦肯锡。他从策划部的一个“小学生”一路向上，最终成了麦肯锡公司在整个欧洲、中东以及非洲地区的战略咨询业务负责人。安格斯经常出差，帮助客户设计方案并解决困难。

时间久了，安格斯也开始被一些问题所困扰。他注意到，对于某些客户来说，无论给予了他们多好的经营战略，最后大家所付出的努力仍会白费，为客户精心设计的战略几乎从来没有被真正执行过。到后来，安格斯几乎能准确地预测什么时候会再次发生这种情况。

事实上，战略执行失败的主要原因就在于这些组织缺乏领导力。**在大家一起努力合作，达成目标、实现共同愿景的过程中，领导力能够深刻影响同伴们的思维与行动方式。**无论是机构的高管，还是普通的中层领导，只要拥有出色的领导力，其所在组织就能积极主动地执行决策，而其他缺少优秀领导者的机构，无疑只会白白浪费时间。

认识到这个问题后，安格斯便将注意力转移到了培育领导力上，其业务范围既包括麦肯锡公司内部也包括合作客户。一段时间之后，安格斯成了麦肯锡“全球领导力培育计划”的负责人。在这个岗位上，他开始集中研究，为什么那么多聪明且有能力的人，在挖掘潜能、承担领导者角色的工作上会失败，为什么那么多人最后都成了特里斯坦，而不是费莉西蒂。

对上述问题的浓厚研究兴趣促使安格斯开始与泰勒合作。泰勒是安格斯认识的哈佛大学评价最好的老师之一。泰勒所讲的积极心理学和领袖心理学在哈佛是最受欢迎的课程之一：一学期约有 1 400 名学生注册报名上他的课。泰勒也是全球知名畅销书作家，著有被译为 25 国语言的《幸福的方法》以及《持久幸福》（*Being Happy*）等书。离开哈佛大学后，泰勒开始在世界各国授课，内容涉及个人与组织的卓越性、领导力、幸福感、适应力、道德原则以及自尊等方方面面。

2011 年 4 月，安格斯在华盛顿主持召开了麦肯锡“全球 100 位最资深合伙人”年度会议。在这次会议上，安格斯邀请泰勒就“个人优势”这一主题给这些领导者做一次演讲。

我们两个人就这样相遇了。会议当天的晚宴上，我们坐在一起，通过交谈，我们发现彼此苦恼的竟然是同一个令人担忧的状况，即大多数组织，包括公司、社团、学校或者其他非营利性机构，尝试打造新一代充满活力的领导者的努力都是失败的。我们无论去哪儿，不管是做咨询工作还是开展演讲活动，看到的都是毫无成效的领导力培育状况。

于是，我们两个人在第一次会面时，就达成了彼此都坚信不疑的一个重要共识，即大部分组织机构正在用一种错误的方式诠释领导力。因此，我们需要一个新的范式和一条新的路径去告诉当今的领导者：若想创造卓越，究竟需要做些什么？

高效领导力的核心和精髓其实就是个人的蓬勃发展。

换句话说，在今天这个飞速变革的世界里，每个组织的员工，都有那么一点儿个人自由和空间来为自己计划接下来到底要做什么。因此，培育领导力的最佳方式就是将其与个人的蓬勃发展相结合。

如果你有一家公司，公司员工个个都积极主动、热情洋溢，他们要么自己努力做到最好，要么努力帮助别人做到最好（这也是“自己做到最好”的另一种途径），那么你就拥有了一家具有领导力的公司，并且已经做好了迎接当今世界的准备。

简而言之，个人的蓬勃发展和培育领导力就是一回事儿。

我们还发现，成功者和失败者在这一问题的认识上会产生巨大的分歧。成功的组织会明白这个观点，接受这个观点，并根据这个观点采取行动，在整个组织中培育领导者，这样整个组织里就会比之前有更多的人能成为领导者；而失败的组织会抵制这一观点，并一再强调规范与控制、忠诚与服从，试图挤压个人表达的空间与可能性，而表达个人态度的空间与可能性正是当今这个飞速变革的世界的产物。

我们对上述结果有两个层面的认识：

1. 在当今时代，对领导力要有一个全新的定义，即强调个人的蓬勃发展，而非命令与控制；

2. 需要一种全新的、能够深入组织内部的干预方式，这是现有的劳动密集型环境下的僵化手段无法做到的领导力培育方式。

这些认识改变了我们两个人的生活，进而也促成了“潜能人生”的诞生。事实上，在 2011 年麦肯锡“全球 100 位最资深合伙人”大会上第一次见面时，我们就决定在彼此共同经验的基础上，合作开创一条培育领导力的新路径。这个时代虽然动荡，但充满了机会。我们要将积极领导力的科学理论知识应用到领导力培育的实践中去，尽可能让更多的人获得蓬勃发展的机会；同时，通过深入组织内部的干预手段，帮助组织最大限度地落实执行积极领导力的赢家战略计划。

我们清楚这些组织需要一个量身定制的领导力培育方案，它得是个性化的、符合特定需求的，同时还要能够推广给世界上成千上万的人。这个方案得整合那些以实证为基础的杰出思想，包括对优秀领导力的定义，以及如何使行为持久改变，等等。我们需要搞清楚，为什么那些有能力挖掘潜能、进而胜任领导角色的人，与不具备这种能力的人，在整体幸福感和工作表现上会有巨大的差距，即为什么特里斯坦会在困境中备受折磨，而费莉西蒂却能在顺境里蒸蒸日上。

我们就这样开始了探索之旅。其间，数十次会面和交谈都是在没有窗户的机场休息室里进行的。从巴黎、东京、纽约到伦敦，机场的广播设备嗡嗡作响，百无聊赖的旅客在自动人行道上川流不息。每一次，在分道扬镳奔向各自的目的地之前，我们都会离想要的答案更接近一步。

本书旨在分享我们所了解的能够让领导者更趋于优秀的各种行为，以及人们如何才能将这些行为付诸实践。同时，本书也会着力于探索和解释“潜能人生”以及“10倍领导力”计划赖以存在的理论基础。

只有学习最优秀的领导者，才能拥有高效领导力

“如何成为一个优秀的领导者？”对这个问题的回答会点燃每一位职场人士的希望之火。“如何让一个快乐的人蓬勃发展？”对这一问题的回答则会让一个人对自己的未来充满憧憬。通过对职场领域新形势的探索，我们发现上述两个问题其实有着相同的答案。

当然，答案很复杂，并不是唾手可得的。安格斯为解答第一个问题求索了20多年，泰勒在第二个问题上也几乎花费了相同的时间。在这数年间，我们见证了职场世界所经历的历史性动荡。人们一刻不停，以前所未有的速度换着工作、老板，在职场和人力资源市场间穿梭。

为了消化和整合各种信息，人们应接不暇、晕头转向。在这样一个动荡不安、飞速变革的时代，个人和组织都更需要创造能力、适应能力、革新能力、对模式的洞察力以及耐力，因为只有这样，两者才能在这个时代生存下来并不断发展。而这些能力正是“10倍领导者”所具备的重要品质。

当今商业环境的变化速度，是造成人们在蓬勃发展和挣扎困境之间存在巨大差距的一个关键因素。如果不具备不断适应、保持活力、持续学习与成长的能力，那么你就会被远远地抛在后面。“10倍领导力”计划不仅旨在帮助你和你的组织活过今天，还要让你们的未来充满无限的可能。

本书结合了我们两人在各自职业研究领域的专业知识，其中安格斯的领导力模式理论正在结合新一代领导者的实践进行不断完善与修改；泰勒的积极心理学理论也一直致力于研究个人和组织如何蓬勃发展。

针对想尝试培育出更积极、更有意义的领导角色的人都会提出的两个关键问题，我们希望本书中的每一章都能以它特有的方式给出答案：

1. 作为领导者，我如何才能帮助我的组织实现共同的目标？
2. 作为领导者，我如何才能让自己以及我周围的人快乐？

本书的目的是通过重新定义领导者培育方式，来为世界贡献一二。我们在知识领域的独特组合，即安格斯关于“什么能够成就一个出色的领导者”与泰勒关于“什么能够让人们幸福”的相关理论与实践，足以让我们将传统上互斥的资源整合起来，开发出一种领导力培育程序。

吉姆·柯林斯（Jim Collins）和杰里·波勒斯（Jerry Porras）在他们具有开创性的管理学著作《基业长青》中，描述了“非此即彼”（tyranny of the OR）这种极其狭隘的二分法决策方式。“非此即彼”强迫人们相信“只能这样”或者“只能那样”，就是不能同时兼顾二者。[1]

在阅读本书时，你会发现我们完全赞同柯林斯和波勒斯所提出的另一个观点，即“兼容并蓄”（genius of the AND）。“兼容并蓄”认为人们能够同时追求两个看上去相互矛盾的目标，比如以下几方面：

- 理论与实践。本书提出了合理且令人信服的理论依据，并运用真实的商业实践案例来阐释这些理论。

- 科学依据与案例故事。本书和“10 倍领导力”计划以组织与个人行为学中的经验理论为支撑，用故事将这些理论带入生活，这些故事的原型既有来自外界的，也有来自“潜能人生”的。
- 个人与社会。在书中，我们不仅会提及当今正在进行的广泛、激烈的社会转变，同时也会说明这些转变将如何影响我们每一个人。
- 广度与深度。我们从心理学、社会学、商业、教育以及其他领域入手，将几个不同的研究范畴整合起来，广泛收集有关实现个人蓬勃发展的核心理念。同时，我们深入探讨，为使人们发生真正的改变，提供切实可行的建议。
- 领导力与幸福。本书认为，越来越多的证据表明，领导力与幸福是密不可分的。那些想要在当今世界成为领导者的人，必须顾及自己和他人的情感与福祉；而要想使自己获得幸福感，我们需要培育“10 倍领导者”的特质。

带来效率倍增的 SHARP 模型

“10 倍领导者”的特质究竟是什么？这就是本书的主要内容。大部分时间里，我们都在同商界、政界、科学界、学术界和其他领域中那些令人敬仰的领袖打交道。当然，确实不止一种方法能够获得卓越、成功以及快乐，在对这些领导者的成功与成就进行持续研究时，我们注意到了五个反复出现的焦点特质：

- 优势（Strengths）。“10 倍领导者”的成功更多是来自关注自己的优势，而非缺点。
- 健康（Health）。“10 倍领导者”通过能够使身心振作起来的体能恢复活动，纾解和平衡压力，避免精力枯竭，从而保持高效及身心健康的状态。

- 专注（Absorption）。“10 倍领导者”将自己的大部分时间都用来关注当下，让自己完全专注于手头的工作，而不是坐在那里等着灵感来敲门。
- 关系（Relationships）。“10 倍领导者”不会通过玩弄权术来领导、控制他人，而会通过培养真诚和积极的人际关系来实现彼此的共同愿景。
- 目标（Purpose）。在等待人生终极使命出现的过程中，“10 倍领导者”并不会简单机械地逐一划掉待办事项，而是会在日常生活中寻求意义与认同。

在研究“10 倍领导者”的人格特质时，我们发现他们大部分都兼具或整合了上述五项效率倍增因素，正因为如此，他们才能在其职业和个人生活中不断获得成功与满足。

本书主要分为三个部分。

在第一部分的第 1 章中，我们会让读者渐渐明白在当今人们所处的这个飞速变革的世界中，工业时代定义的生活与职业观念正在消失，一个更加动荡的后工业时代正在慢慢形成。这个由人员流动、角色转变和信息无限所界定的新世界，对社会产生了两个重要影响：一是使领导行为对于个人和组织而言变得比以往任何时候都更重要；二是这个新世界会令我们对幸福与成功的普遍看法显得过时甚至可以说错误。在第 2 章，我们会介绍大量经过同行评议的相关论据，揭示各种误区背后的真相，同时也为大家提供不同以往的策略去获得幸福和成功。

在第二部分第 3 章到第 8 章的内容中，我们会审视和分析究竟是什么造就了“10 倍领导者”或“10 倍领导型组织”。尽管在这些成功的个人和组织中，获得优秀的领导力和蓬勃发展的途径多种多样，但我们还是发现，在“10 倍领导者”身上，优势、健康、专注、关系、目标这五个带来效率倍增的因素是普遍存在的。我们将其简称为SHARP模型，并会解释每一个因素的确切含义，提供具体的发展策略，举例说明人们应该如何使用这些效率倍增因素，是单独使用还是组合成SHARP模型使用，才能让自己变得更幸福、更有能力。

在关于SHARP五项效率倍增因素的每一章里，我们都会用特殊的专栏，即“SHARPening Moment”提醒你反思过去那些你曾经采取的策略。根据我们在每章提供的理论和信息，你可以去思考哪些策略在未来会对你有所帮助，你可以将效率倍增因素作为个人优势进行培养。那些“10倍领导者”在员工中培养SHARP五项效率倍增因素时经常会使用一些策略与技巧，以在工作环境中激发员工、引导员工，我们将对这些策略与技巧进行简要演示。

本书的第三部分将说明人们持久改变的难度。我们会列出人们在做出重大改变时经常会遇到的一些障碍，并从思维与行动两方面提供科学依据，来强调“改变是完全可能的”。同时我们还会阐述一些已被证实的、能够使人们成功获得改变的具体方法，介绍一些训练手段以改变不良习惯和行为，将更健康、更高效的行为习惯永久固化为人们生活的一部分。在结语部分，我们将概括回顾“10倍效应”的相关理念与方法，以及将其在工作中实践之后，个人和组织是如何将这些理念与方法落到实处，又是如何保持有效成果的。

我们希望阅读这本书的所有读者，都会选择成为积极推动变革的领导者，鼓舞自己和周围的人追求共同愿景，获得幸福与成功。

你是高效的领导者吗？

1. 以下哪些是关于领导力的误区？（多选）

A. 一个成功的领导者应该完美无缺。
B. 想拥有健康的身体就应该压力全消。
C. 精神上的巅峰体验极为罕见。
D. 领导者要善于玩“权力的游戏”。
E. 找到理想工作，人生才有意义。
F. 只有成功，才能带来幸福。

2. 以下哪些是发掘自身和他人优势的方法？（多选）

A. 讲授相关理论
B. 不鼓励“弥补缺陷”的思维模式
C. 寻找最佳领导区
D. 鼓励“精熟体验”
E. 创造良性循环
F. 将对优势的关注作为标准化的操作流程

3. 获得出色表现的关键是：

A. 管理时间　B. 强健身体　C. 心情愉悦　D. 管理精力

4. 达到“心流”状态，必须满足以下哪些条件？（多选）

A. 设定的目标既不应该太难，也不要太简单。
B. 追求目标必须遵循一系列定义清晰的规则。
C. 多关注自己能分配给生活与工作多少精力。
D. 确立一个定义清晰的目标。

5. 让工作更有意义的工具包括：（多选）

A. 设计恰当的目标　B. 塑造工作　C. 重视过程而非结果　D. 利用故事的力量

6. SHARP 模型共包括哪些模块？

A. 优势（Strengths）、健康（Health）、专注（Absorption）、正确（Right）、目标（Purpose）
B. 优势（Strengths）、健康（Health）、能力（Ability）、关系（Relationships）、目标（Purpose）
C. 优势（Strengths）、健康（Health）、专注（Absorption）、关系（Relationships）、目标（Purpose）
D. 优势（Strengths）、荣誉（Honor）、专注（Absorption）、关系（Relationships）、目标（Purpose）

你是高效的领导者吗？

扫码下载“湛庐阅读”App，
搜索“高效的方法”，获取测试题答案。

THE **JOY** OF **LEADERSHIP**

第一部分

飞速变革的世界
需要效率倍增的领导力

职场无边界的形势越来越普遍，组织内部和组织之间的传统障碍正在消失。在这个无边界的环境中，每个人都面临着全新的机遇与挑战。无论是个人还是团队，要想获得成功，首先都要厘清成功和幸福之间的关系。

THE
JOY OF LEADERSHIP

01

全新的经济模式为企业带来三种新常态

你不可能两次踏入同一条河流，因为新鲜的水正向你流淌而来。

——赫拉克利特（Heraclitus）

2014 年夏天，美国进步派智库罗斯福研究所发起了“下一个美国经济”计划（the Next American Economy project），呼吁商界、政界和学术界的专家确定下一个 25 年影响经济的趋势和挑战。一年之内，专家们就有了一个大胆的断言。研究所高级研究员鲍曼 ·“博”· 卡特（Bowman“Bo” Cutter）写道：“美国经济正站在变革的悬崖边上，堪与工业革命相提并论。”[1]

以前一个公司职员的典型模式是这样的：全职工作，一辈子为一个老板打工，最后得到一块终身服务的纪念金表和一笔丰厚的退休金，舒舒服服地安度晚年。这个模式在第二次世界大战以后婴儿潮涌现时达到了顶峰，但接下来情况就开始变得越来越复杂了。

数字革命给计算和通信带来了进步，包括现在无处不在的互联网，这都让工作的自动化与再创造变得更容易。国际贸易协定打破了商品与服务交换的历史障碍。20 世纪 90 年代，传奇管理学大师彼得 · 德鲁克创造了“外包”（outsourcing）这个术语，即将业务中的一部分交给那些可以做得更好、价格也更便宜的人。另一个术语“全球化”（globalization）则意味着过去将人们分隔于世界各地的时间和空间正在缩小，个人和组织之间的互动也变得越来越容易。

我们仍然处于变革之中，且还没有一个确定的名号来称呼这个变革的时代，是叫它“数字时代”“后工业社会”，还是“零工经济”？当今世界涌现出的那些疯狂的发明，对于福特汽车装配线上的一名工人来说，就像是科幻故事。比如，不必非要去找个出租车司机的工作，只要下载一个优步（Uber）这样的叫车应用程序，就能通过智能手机直接获取全球数百个城市的车费价格，然后你再用自己的车载送乘客，这样就赚到钱了；跑腿兔（TaskRabbit）则是一个跑腿网站，它的功能是将自由职业者介绍给那些需要日常事务协助的客户，让跑腿人帮助客户打扫房间、送货或做一些其他的零散工作。

以上并不是说企业组织正从世界上消失，各类企业仍然是生产和就业的主导力量，只不过它们的主导地位正在减弱。面对这样的竞争，越来越多的人选择加入企业组织的理由开始发生变化。公司不再只是一个发号施令的“老板”，一个在工资单上签字的“终身恩主”；更多的职场人寻觅的也不再只是职位升迁，而是学习、成长以及让自己能够更加幸福的机会。“勇攀职场升迁的阶梯并打破玻璃天花板”，这个表示成功的古老说法，听起来也越来越像是个陈旧且古怪的时代残余，在那个时代，人们的野心与激情只能朝着一个方向前进。

在职场中以更有活力、更投入、更专注、更快乐的方式成长，对人们来说显然一直都是重要的。但在等级森严、墨守成规的公司里，个人很可能会被严格限定在某一个角色与物理空间中，以一种不好不坏的平庸状态展开他的职业与人生，虽然能够完成工作，但却没有蓬勃发展的可能。

很明显，大多数人大概都不想要这样的生活方式，而且根据对工作环境的研究，我们发现，如今即使有人想以这种方式生活，也不太可能了。今天的组织再也无法承受人才和能动性的缺失，也不会再将“企业家”这个名号，仅仅当成用来形容创新者或精英团队的一个称谓。这个世界，尤其是职场环境，已经开始变得松散分化，那种结构牢固、密不透风的茧状公司环境正在消失。正如公司自身必须更加灵活、积极地跟上外界快速变化的步伐一样，员工也必须更具创业家精神，并要懂得为自己规划，明白如何才能在工作与个人生活中充分发挥自己的实力与潜力。因此，“10倍领导力”式的自我领导，不仅仅对于企业高管，其对于每个人的成功和幸福都至关重要。

在这场职场探索之旅中，我们发现无边界的形势越来越普遍，组织内部和组织之间的传统障碍正在消失。我们认为，尽管在刚开始面临这种情况时，会有些令人胆怯，但它却比之前任何一种社会经济模式都更有可能带给人们快乐。我们已经看到在三个相互关联的领域中出现了这种无边界形势：人员流动、角色转变和信息无限。

人员流动

我们的祖辈可能一生都只供职于一家单位，在当时这是相当明智且正确的做法。而今天，这种忠诚已经很罕见了，很多人认为这并非必要，甚至还有点愚蠢，仿佛人生就此停滞不前了似的。著名再就业咨询服务公司领德管理咨询有限公司（Lee Hecht Harrison）的调查表明，我们大多数人在职业生涯中都可能会有至少 7 到 8 次的工作变化。美国劳工统计局的最新数据显示，就职者在其某份工作中的平均就职时间为 4.2 年，其中千禧一代（Millennials）换工作的频率更高。[2] 当下，大部分处于职业生涯中期的人，在他们退休之前也还会再换 10 到 15 次工作。[3] 而那些刚刚踏入职场的年轻人，在他们整个职业生涯里能换多达 35 次工作。[4] 这些年轻人见面经常问的不是“你现在在哪里工作”，而是“你现在在做什么”。

职场中，终身的财务安全感、稳定清晰的职业角色，这些长期被视为员工忠诚基石的东西，在当下这个飞速变革的世界里，由于人员流动趋势而变得越来越不重要了。从基层车间到公司总部，整个组织中情况都是如此，其结果可想而知，比起在一家公司做到老的“金表时代”，现在员工们的忠诚度已经大打折扣了。

鉴于发现和留住人才的巨大成本，对今天的组织来说，忠诚度大幅度下降是一个潜在的噩梦，他们不得不面临一个问题：在后工业时代，当人们加入一个组织时，到底是要寻找一种什么样的工作体验？

我们不妨回到 20 世纪，看看由美国心理学家亚伯拉罕 · 马斯洛在 1943 年首次提出的需求层次理论。马斯洛的需求层次理论通常以金字塔的形式表现（见图 1-1）。

从金字塔的底层开始，人最基本的是生理需求，如空气、水以及活下来所必需的庇护场所。当这些基本需求得到满足后，人们就会上升到金字塔中部去满足更复杂的社会需求，如安全感、爱和归属感。最抽象的情感与精神需求，即尊重与自我实现需求稳踞金字塔最顶端。通过自我实现，马斯洛设想出一个充满活力并能在生命中找到深刻人生意义的终极状态。

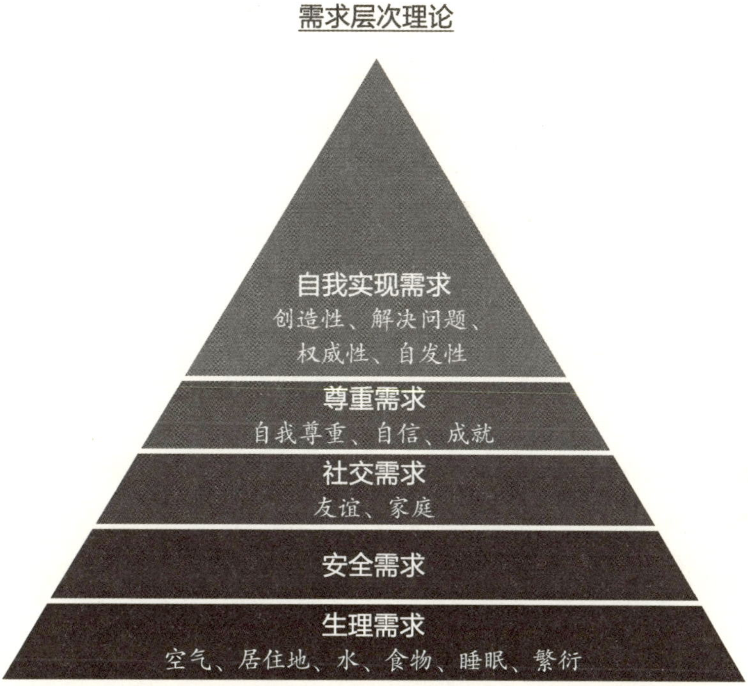

图 1-1　自我实现金字塔

人们职业的演变与马斯洛的需求层次理论之间有着明显的一致性。从历史上来看，直到大约 19 世纪中期，人们还在到处寻找能够满足生理需求的工作，那时候一份工作能提供食物和住所就足够了。随着整个西方世界财富的不断累积，大约到了 20 世纪初，工作场所的安全逐渐成为更大的问题，有了选择权的工人们，无论是单打独斗还是有工会庇护，都开始追求更好的工作条件。而随着更加安全、酬劳更高的工作越来越多，尤其在第二次世界大战以后，人们开始希望到能感受到友谊与联结的职场环境中去工作。这也标志着“公司人”的诞生，如加入像美国 IBM 或者通用汽车这样的大型组织，与同事们一起建立并感受能给自己带来强大归属感的友情。

一旦归属感的需求被充分满足，员工就会把目光投向下一个层次，即从同事，特别是老板那里寻求尊重、赞赏以及肯定。如今，训斥员工、打磨军事化作风的手段已经过时。经理们都会被送去参加工作坊或研讨班，学习如何尊重员工，如何关注员工值得嘉许的行为，如何得体地对待员工。鉴于当下每份工作的短暂性，和几十年前的职场相比，如今的职场已在努力为员工提供一个充满尊重的环境。

随着越来越多的人期待能在工作中获得认可与尊重，人们开始通过不断的学习、成长去体验个人自我价值的实现。一旦人们感觉到自己已经厌倦了某个特定角色，或是从工作中已无法再学习到新东西，他们就会去寻找下一个更有挑战性的工作岗位，这是我们发现的很多人频繁更换工作的原因之一。人们每天花大把的时间去工作，因此想要寻觅一份能够满足各种心理需要的工作，也没什么好惊讶的。

对马斯洛需求层次理论的实证研究发现，人类需求事实上比马斯洛想象的要复杂得多。举例来说，某些研究指出人类的需求在从食物到自我实现这样一个不连贯的过程里是无法被满足的，但20世纪六七十年代，马斯洛需求层次理论的研究者克莱顿·奥尔德弗（Clayton Alderfer）却证实，一旦某个特定需求被满足，人们就会转而去满足其他的需求。一旦某份工作能够让全家都吃饱穿暖，人们就会继续寻找那些能够给自己提供机会、实现成长与自我、寻求意义以及使命感的职业。

我们在本书提出的“10倍领导力”计划的基本原则主要有两方面：

1. 帮助个人找到实现自我的机遇，构筑职场环境与工作习惯，以使他们获得成长并发现自己的使命。

2. 在这个人员频繁流动的环境里，帮助员工在组织中追求自己最远大的抱负，从而使组织成为员工愿意留下来的地方。

角色转变

共享办公机构“未来空间”（NextSpace）的创始人赖安·库纳提（Ryan Coonerty）和杰里米·纽纳（Jeremy Neuner）在 2016 年出版的《工作的未来》一书中，用自己的故事描绘了随着工业经济的华丽外饰被剥离开来而出现的新的职场环境。2008 年，时任加利福尼亚州圣克鲁兹市市长的赖安·库纳提和该市经济发展总监杰里米·纽纳，在一起讨论关于发展圣克鲁兹市经济和创造就业的战略决策。当时已有几家大公司陆续离开了这座城市，如 20 世纪 90 年代中期离开的箭牌，2001 年离开的德州仪器和 2002 年离开的立顿，这些公司的离开带走了很多工作岗位。

当时，经济大衰退已经初现端倪，商业发展迟缓，资金流开始收缩，房市泡沫一触即破。库纳提和纽纳认为，大张旗鼓地招揽一家规模巨大的企业到西海岸并开始新一轮的招人和裁人，显然不再有意义。明智之举是尽量吸引足够多的善于思考的创新型人才，鼓励他们来圣克鲁兹开办自己的企业，创造工作机会。招揽一家新的大型企业，带来的工作职位和收入增长都是可预测的、有限的，而鼓励人才前来创业，其未来的可能性是无限的。

库纳提和纽纳于 2008 年 6 月在圣克鲁兹市中心创办了第一家“未来空间”公司。这个时机的选择非常不可思议，美国经济很快就遭受了自 20 世纪 30 年代经济大萧条以来的一次重创。很多人发现，传统的工作岗位消失了，他们需要做出巨大的改变，才能从一直以来别人为他们定义的工作角色中跳出来。在“未来空间”位于市中心的共享办公大楼里，聚集着来自美国各地不同领域，甚至看起来毫无关联的领域的准企业家们，以几个月前还不敢想象或至少不太可能的组合进行着创业活动。库纳提和组纳在他们的书中举了一位营养师的例子，这位营养师与一位前计算机科学教授、一位平面设计师和一位企业律师联合，共同创建了一个手机应用程序，旨在为糖尿病患者提供食品购买建议。[5]

在这个四人特别小组中，每个成员都可以被视为一个领导者，领导各自领域的项目内容。这种基于团队的工作模式正在改变员工的工作类型。**从全职工作转而成为自由职业者的趋势越来越明显。**传统雇佣模式虽然仍是常态，但正在迅速让位于暂时性的雇用关系，像临时工、独立承包商、兼职人员以及某些临时专家顾问，虽然他们也能做全职工作，但可能不会为单一雇主长时间地全职工作。

当今的商业环境正在迅速变化，因此不再可能，或者至少不再值得花费时间、精力或费用去编制公司运行的标准化规范和条款，因为很可能它们刚被编制出来，背景就发生了变化。职业角色的定位也不再像过去那样清晰或者狭隘，更不像过去那样稳定，结果就是，员工必须更加具有流动性，更加灵活，视野更加开阔。无论员工在体制里处于何种位置，公司都需要他们去创造新东西。那些能够在一定范围内被编程执行、机械重复的工作内容，如产品组装、数据处理等，已经越来越多地由机器去完成。

有趣的是，由于员工与其被设定的工作角色都越来越自由，组织内部的领导方式也开始越来越自由。在工业社会，一个人的权威源自其在体制中的地位，人们听从经理或主管的指示是因为经理或主管的职位更高，漠视或者违抗都是不服从命令的行为，要承担被惩罚甚至被解雇的风险。

但是在职业角色不断转变的后工业社会，领导者往往看起来更像是许多前工业社会中的部落领袖。

美国的大苏族（Great Sioux Nation）曾有七个分支活跃在北美大平原。尽管这些分支每个夏天都会齐聚一堂，召开七部落大会，一起选举他们的最高统领，但是由一些大家族构成的小部落，其酋长的选举并不似这般正式。这些酋长并不是被正式任命或推选的，成为领导者只是因为他们的智慧、力量以及对部落显而易见的忠诚。这些酋长的权威来自人们的自愿追随，没人有权力告诉他人要做什么。当这个酋长不能再获取众人的信任与尊重时，比如他犯了个大错，或者其他人表现得比他更好、对大家更有帮助，那么也没有什么弹劾或者不信任投票，人们仅仅是不再听从于他，或者重新发掘新人做酋长，或者开始各行其是。

我们已经习惯从一个人的头衔或者职位来判断他是不是一个领导，但在社交网络里，只要拥有“粉丝”，任何人都可以被界定为“领袖”。牧民般自由的员工逐渐开始拥有选择权：如果他们觉得无聊或者没意思，看不到学习与成长的机会，他们就会选择离开。就算是全职工作者，尤其是年轻人，也希望在界定和调整职业角色上能拥有更多的自主选择权。

无论是企业中被任命的领导，还是每个个体，要想在今天的世界里蓬勃发展，都需要具备一定的灵活性，以便在部门、岗位和工作地点中自由、舒适地流动。

在这个无边界的、飞速变革的世界中，我们发现了越来越多频繁变化工作角色的企业，创意、创新、学习和成长已不再被设定为行业精英才会拥有的奢侈品，而是全球数十亿人在职场各个层面中的必需品。我们的“10倍领导力”方法，关注的正是在角色自由转变的职场中，如何才能够培养人们蓬勃发展所需要的品质，从而最大限度地获得成功。

信息无限

大约 2 500 年前，希腊哲学家赫拉克利特坚信，宇宙唯一恒定不变的本质就是永远变化，赫拉克利特也因此学说而闻名。这个哲学观点在今天体现得尤为明显。宽带通信、云计算、社交媒体、在线协作工具以及从海量信息源收集、整理和挖掘数据的计算能力，这些新工具都使企业得以超越普通组织结构所能适应的速度来进行变革。

赫拉克利特运用河流的比喻描述其关于恒定变化的观点：你不可能两次踏入同一条河流，因为新鲜的水正向你流淌而来；而在你第二次踏进这条河流的时候，你也不再是以前的你，此刻的你是崭新的，带着与以往不同的理解和过去。

如果来看一下我们用来描述无边界数字时代里各种信息的语言，就会发现河流的比喻实在是太有限了。当在互联网上搜索时，我们所浏览的海量信息可以将我们带向任何地方。一旦在搜索框中敲入想要了解的条目，我们就能进入一个无限扩展的网络空间。这个空间现在甚至已经超出了太阳系，正以数据形式和 2015 年夏天路过冥王星的“新视野号”（New Horizons）探测器进行交流。

这种信息无限状态既是祝福也是诅咒。只要能够驾驭这种庞杂的信息流，就可能以一种前所未有的方式获得成功。用电子邮件传达意见已经和办公室备忘录一样，变成了过时的古董。因为用虚拟办公室合作办公的员工可以随时在世界的任何地方开展工作，当其他数十亿人呼呼大睡的时候，他们却能以每天数十次的频率完善他们的软件产品。

当今世界，这种工作方式势在必行，因此组织与个人都需要通过不断地成长和学习来重塑自己。信息的易获取性、透明性以及流动性，意味着当一家公司发布新产品时，它的对手可能已经在钻研该产品的升级版本了。单一的产品或服务无论多么巧妙或多么具有开创性，都无法再让一家公司与员工能放心大胆地允许其自由发展。不过，从我们的角度来看，这却是一种非常令人满意的进步，毕竟，开启着“自动驾驶”模式的领导又有什么管理乐趣可言呢？

400 多年前，当英国哲学家弗朗西斯·培根爵士写下“知识就是力量”的时候，他做出的其实是一种对引发工业时代科技革命的可怕预知：学习理解新知识，就能掌握新技术，从而控制行为的结果。

而另一方面，信息时代也将我们带回到中国古代著名哲学家老子在 2 000 多年前写下的一句话：“少则得，多则惑。”（少取便会获得，贪多则会迷惑。）如今，人们已经不再可能做到了解周围全部海量信息和知识了。虽然这曾经可能，但只去了解也是远远不够的，能从信息中获取力量才是关键所在，而这正依赖于对大量数据的整合分析能力，即**通过规律识别，提炼精华，在矛盾与无序中找到意义和方向，这也是领导者要具备的至关重要的能力**。但在过去，由于信息少得可怜，对具备这种信息整合能力的人才的需求也少得可怜。

将组织视为一台机器的传统比喻其实是很不准确的。首先，它忽略了一个关键事实：机器是不会受外界环境影响的，但对一个组织来说这绝不可能。尽管这个模型在工业时代已经运作了一段时间，企业也还会继续运用其中一些科学管理的基本原则，但是这个比喻现在却很难再适用了。

20 世纪 90 年代，系统科学家彼得·圣吉等人的工作让这个比喻开始发生了变化。彼得·圣吉著有《第五项修炼》。他认为组织不仅仅是一台机器，还是一个具有生命的有机体，一个由内在关联的子系统协同工作构成的整体。有机体会对其周围环境持续做出反应，并会因此调整自己甚至重生，如旧细胞死亡后会诞生新细胞。即使有机体死亡，它也会以另一种形式存在，也会将其遗传物质传递给下一代，继续生命的循环。

我们合作过的一些公司已经历了这些转变，即通过采用更有机的结构形式来使自己重生。森宝利（Sainsbury's）是英国第二大连锁超市，1869年由约翰·詹姆斯·森宝利（John James Sainsbury）创立于英国伦敦特鲁里街（Drury Lane）。森宝利在早期也是具有创新精神的企业，当时它提供一系列自有品牌产品，非常关注顾客的购物体验。但经过一个多世纪，到了20世纪90年代，这家公司却开始发展迟缓，市场份额也日益萎缩。从增长规模来看，当时整个英国大概有数百家森宝利超市门店，但由于公司总部集中了大量领导，它开始变得有点“头重脚轻”。同时，之前让森宝利闻名的对顾客体验的关注也开始一点点下滑，超市员工甚至很难保证货架商品充足。

森宝利公司于2004年决意开始变革，其中一项就是将经营关注点从公司总部转移到超市门店。公司在总部砍掉了750个岗位，同时招聘了3 000名新员工到各门店以改善服务质量。

森宝利非食品类运营总监乔恩·哈特兰（Jon Hartland），已经在这家他称为“巨大又令人骄傲的传统型公司”工作了30年，在此期间，他见证了这艘巨轮在成功与失败之间的种种浮沉。哈特兰认为森宝利这次能够转败为胜的关键之处，就在于它采取了一种更松散、更有流动性的领导模式，这也使森宝利能转型为一家更灵活、更模块化、更以团队为基础的公司。哈特兰说：“现在行政总裁和门店之间的距离已经大大缩小了。”

2015年，森宝利公司建立了一个内部社交网络系统，使信息可以在公司各层间直接传递。“从实习生到像我们这样的老员工，任何时候都可以直接和我们的首席执行官迈克·库普（Mike Coupe）说上话，”乔恩·哈特兰还说，“我们有一个‘告诉迈克’的企业文化，如果你有一个好主意，你就可以对迈克说：‘为什么不这样试试呢？’我们有了更多开放且行事灵活的团队，主管也更少了。我们的规模比30年前扩大了4倍，但现在的主管数量还不到那个时候的一半。”

森宝利的许多经理都是以移动和模块化的团队方式工作的，他们从一家商店转移到另一家商店，以帮助和支持1 200多名零售店员工。迪·布莱克本（Di Blackburn）是该公司的运营技术经理，她管理着一个由34名员工组成的团队（由数支子团队组成），负责在最需要的地方设计并提供培训。“我更愿意认为自己是一个乐队指挥，”布莱克本说，“我的团队有的在这里，有的在那里，而我可以到处跑，从苏格兰到康沃尔再到伦敦，我可以在任何地方工作。”整个森宝利的改变，正显示出企业信息流动的必要性。

进化论的基本原则之一就是，当环境发生变化时，只有适应变化的人才能生存下去。这点既适用于自然界，亦适用于制造业。

THE JOY OF LEADERSHIP

当今世界，变化随时随地都在发生，只有那些培养自身能力去不断适应、成长以领先于时代的人，才能活下来并最终成功。

很多人都会因环境的飞速变化而心生恐惧，因为太多事情都来得又快又猛。我们会在下一章解释为什么无须害怕，反而应该为这些改变感到兴奋。随着旧障碍被打破，新的飞速变革的世界当然还会产生更多的不确定性。但同时也要看到，它也会创造出前所未有的无限机会，让人类得以发展，让我们能像自己希望的那样，成为快乐且有影响力的人，即“10 倍领导者”。

在飞速变革的世界里，“10 倍领导者”看起来是什么样的呢？泰勒在哈佛和世界各地做过关于幸福与成功的演讲，安格斯也在麦肯锡与全球最大企业的领袖们一起合作制订过领导力培育计划。根据这些经验，我们发现了一个惊人的事实：大部分人都不知道成功与领袖究竟意味着什么。大部分人对成功和幸福的理解几乎都错得离谱，因此他们都未能充分挖掘自身潜力并获得持续性的满足。成为一个好领导究竟意味着什么？为什么看似重要的过时观念还在不断影响着很多人，使他们看起来像一台低效、笨重且运转不良的旧机器？

帮助人们收获幸福与成功的第一步，就是弄清楚那些所谓“好领导”定义中的缺陷，即关于幸福与领导力的种种误区与误解。那些错误非常明显，却一直存在。同时我们也要厘清在这个无边界的世界里，那些缺陷对成为“10 倍领导者”来说又意味着什么。

THE
JOY OF LEADERSHIP

02

关于领导力的六大误区

大约五年前，我们（安格斯和泰勒）第一次见面时，就反复讨论过当今世界社会与经济结构中逐渐呈现的变革性，以及这种变革性对组织和人们的影响。那次会谈之后，我们又有过多次谈话，每次都激情洋溢，彼此也都深受启发。我们之间达成的一些重要共识，不仅引领我们创设了“潜能人生”，更使我们创作了这本书。

- 当今这个飞速变革的世界给人们创造了更多空间，提供了全新的机遇与挑战。
- 在这个时代，人们逐渐开始用非全职工作取代稳定工作，而具有领导力的行为在这种变化中能够帮助人们自我成长、自我壮大。对一份工作从一而终的“金表时代”已经式微，每个人都要竭尽全力把握每一个机会。尽管这种改变对于一心希望留住人才的组织或机构来说似乎是不利的，但同时它也道出了一个简单真相：**在组织内部，只有个人发展的机会、快乐领导力的影响比外界更具吸引力，才能尽量避免人才的流失。**
- 启发他人培养深远变化的领导能力，与幸福感、成就感之间的关系密不可分。

- 一个组织中的员工是否快乐、是否具备能力并且充满活力，这些对于公司的成功来说远比其组织机构或权威规范所秉承的内在逻辑更为重要。**一个组织中若充满了激情昂扬、拥有共同愿景的员工，那这就是一个领导型的组织。**它会坚定地专注于履行使命、实现目标。而忽视上述观点并试图重新设置旧秩序，追求控制、标准化和服从的组织，势必会将当今这个飞速变革的世界为人们创造的表现与创新的机会隔绝在外，这样的组织注定会失败。
- 鉴于领导行为是个人和团队合作在生产力和工作表现上的重要驱动因素，而且旧的等级结构也正在逐渐被削弱，因此无论对于个人还是团队，领导力都已不再只是中层管理层面的重要特征。**一个机构要想获得成功，即使不是全部，也得是大部分员工要在一定程度上具备领导力。**

在这个飞速变革的世界里，快乐领导力对很多人来说还很难懂的原因之一是，我们经常会对既往的陈腐观念坚信不疑。关于什么能够成就一个高效的领导者，如何能够使人幸福，很多人都还执着于一些过时且肤浅的错误观点。我们发现，在搞清楚快乐和领导力是什么之前，很有必要先解释一下它们不是什么。在我们能够帮助人们像领导者那样去学习和成长之前，帮助他们先清除一些持续已久的错误思想是很有必要的。

误区一：要成功就要完美无缺

我们大概都经历过发放成绩单或者业绩评定的时刻，老师或者经理会让我们坐下来，然后讲一堆我们需要改善的地方，似乎这就是最重要的事情。这是一种传统思维，即认为人们在生活、职场中，就应该致力于改正缺点，并不断取得进步。

通过这些年的观察以及越来越多的研究，我们发现，尽管每个人都不应该忽视自己的缺点，但因为个人精力始终是有限的，所以投入过多的精力去修补缺陷并不明智。这就像是把你扔进了一个自己很难再爬出来的深洞一样，有时甚至还会适得其反。

很多著名的思想领袖并不认为最好的成长方式就是努力克服自己的缺点。彼得·德鲁克在其经典之作《21 世纪的管理挑战》一书中就这样写道："由于一个人不可能在缺点上表现得很出色，因此索性就让它们该怎么样就怎么样吧。只有当你充分利用优势时，你才能创造真正的卓越。"[1]

大量的行为研究和调查都支持这个观点，即**当人们全神贯注于自己擅长并且享受的事情时，他们的表现会更出色**。他们也会更具创造性、更敏捷、更具适应力[2]；同时也会更自信、更满足，并能在工作过程中发现更多的意义，从而更加迅速地成长和发展[3,4]。2009 年，盖洛普咨询公司通过对 1 000 多名美国员工进行的调查发现，在工作中，当员工利用自己的优势去完成目标时，他们会感到更加投入，整体上也会感到更幸福、更有活力，身体也会更健康；那些注重利用团队成员优势的管理者也会获得更优秀的团队表现和更大的成功。[5]

基于此，我们制订了"10 倍领导力"计划，以帮助人们或组织创建与个人优势相匹配的工作任务和职业角色，而不是去试图修复个人缺陷以迎合组织既定的任务和角色需要。

误区二：想健康就要压力全消

每个人都觉得自己完全理解压力是什么意思，但科学家们却花费了好些时间才为压力找出了一个像样的解释，同时还采用了一系列方法衡量了压力对身心的影响。内分泌学家汉斯·塞利（Hans Selye）是第一个给"压力"定义的科学家，他认为压力是身体对“附加给它的任何需求”的“非特异性”反应。我们的定义在此基础上有所演变。我们认为，压力是超出身体自然调节能力的一种需求。压力的影响往往非常具体，其在神经化学方面带来的变化会刺激人们的某些能力。

简而言之，压力就是身体对挑战的反应。突发的压力通常被认为是触发“战斗或逃跑”反应机制的原因，这种反应机制是面对威胁时身体的自然反应：脉搏加速，呼吸频率升高，脂肪和氧气被释放到血液中去应对突发冲动；瞳孔放大，血管扩张，视线变窄。这是塞利所提出的三阶段模型中的第一阶段，他称之为一般适应综合征。该模型的最后阶段，塞利认为会是以下两种情况之一：要么恢复，身体的补偿功能使人们能够克服威胁；要么衰竭，身体资源在持续威胁中被耗尽。

也有一些不太出名的研究表明，短暂的、中等水平的压力会对身心产生有益影响，毕竟“战斗或逃跑”的反应机制最终也是为了保护我们自己。1975年，塞利提出了一种模型，将压力分为积极压力和消极压力，前者能提升精神与生理功能，后者则会导致焦虑、退缩或者其他方面的紊乱。

美国的民间故事里充斥着“超人力”的传说，很多实际上都有据可查。在这些传说里，当人们遭遇突发状况时，“战斗或逃跑”激素分泌量剧增，“超人力”爆发，此时人们甚至能够抬起超重物，如汽车。相信没人会认为这种经历对健康有益，但研究同时也表明，**短暂的、中低等水平的压力确实能够刺激大脑产生化学物质，甚至是新的脑细胞**[6]。这可以提升效率和专注力，增加机体免疫反应[7]，帮助人们获得成功，并且让人们更具长期适应力[8]。

此外，数十年的研究论证也提供了很多相当有效的压力恢复策略。比如，培养积极视角和个人自信，寻求社会支持，休息以及进行体育活动、冥想和思维训练等。[9~21]这些对于缓解压力并将其控制在有益范围内都有良好效果。

同时我们也相信这些被控制在合理范围内的压力所具有的力量。“10倍领导力”计划的目的便是帮助人们或企业组织制定长期策略，将压力转化为能量和灵感。

误区三：巅峰体验极为罕见

马斯洛将“巅峰体验”这个术语定义为“人类的巅峰时刻，是一种极度幸福、欣喜若狂的体验”[22]。当人们被问及最近的一次“巅峰体验”是什么时候时，他们往往提及的是自己被一幅艺术作品深深打动的那一刹那，和爱人灵肉结合的那一瞬间，以及在生活或工作中被极具创造性的灵感击中的那一刻。一些女性也会把生孩子的过程描绘成一种巅峰体验，还有人认为抵达一个意义非凡的个人里程碑是一种巅峰体验。对于大部分人来说，属于巅峰体验的都是罕见的、非同寻常的时刻。但马斯洛相信，**对于自我实现者来说，巅峰体验时时刻刻都会在日常环境里发生**。也许是在等火车的时候，也许是在做晚餐的时候，也许是在办公室工作的时候，而这些恰恰都是我们在“10倍领导者”身上发现的。这些领导者经历过数不胜数的巅峰体验，而且持续时间经常都很长，有时候甚至每天都会有。

其实你也可以像“10倍领导者”们那样创造和持续经历这些巅峰体验，因为研究表明，**我们完全能够在日常生活中创造出更多的类似体验，并享受这些体验**。其中，心理学家米哈里·希斯赞特米哈伊（Mihaly Csikszentmihalyi）①提出了“心流”（flow）这一概念，即人们朝着一个明确的目标努力工作时，

① “心流之父”、积极心理学奠基人、造力大师，其著作《创造力》已由湛庐文化策划、浙江人民出版社出版。——编者注

所呈现的一种毫不费力就能达到的全神贯注的精神状态。正如希斯赞特米哈伊在其具有开创性的著作《心流》中所说，在这个“最佳体验”中，人们能感到“强大、机敏、轻松控制、自然而然，并且始终处于能力的巅峰”。

这种巅峰体验是充满成就感的，希斯赞特米哈伊说：“当我们自由行事的时候，行为本身比其他一切外部动机都要更加充满吸引力。”他在书中写道：“当我们选择一个目标，全神贯注地投入其中时，无论做什么我们都是享受的。而一旦品尝到了享受的愉悦，我们就会加倍付出努力，去再次获得那种愉悦感。这就是自我成长的过程。”[23]

我们在本书会展示如何通过体验这种愉悦来帮助塑造“10倍领导者”，以及如何后退一步，调整呼吸，静下心来，去增加抵达个人能力巅峰的可能性。其实这些并不是多么难以达到的事情，你每天都可以做到。

误区四：领导者就要玩好“权力的游戏”

就像我们之前指出的那样，权力的体制基础在很多组织中已经被弱化了。对于当今世界而言，命令与控制的决策风格已经太过迟钝，太不够灵活了。

一个运用权力和控制去操控下属的人只是在逼迫人，而不是在领导人。越来越多的组织学研究指出，这种领导风格常常会成为公司发展的绊脚石。俄亥俄州立大学的组织心理学家贝内特·泰珀（Bennett J. Tepper），曾经评估出滥用监管权力会使美国公司每年浪费约238亿美元[24]。其他研究者也指出，专制型的领导方式对工作绩效指标，如旷工和离职率有直接影响，甚至这种领导方式也是导致员工做出一些潜在的破坏或抵制行为的主要原因。[25]

很多研究者后来也验证了破坏性的领导方式对员工个人的影响，即会使员工压力增加，对工作越来越厌烦，精疲力竭，等等。[26] 当员工带着不快乐回家时，甚至还会伤害到他们的家庭关系。[27]

而另一方面，**民主的、真诚的、道德的、革新的领导模式，则与员工有更多互动，也更能依靠关系的优势，其带来的好处也都是得到充分证实的**。

这些裨益在当今世界随处可见。2010 年 6 月 1 日，苹果首席执行官史蒂夫·乔布斯出席了在加利福尼亚帕洛斯佛迪市（Rancho Palos Verdes）举办的 D8 数字大会（D: All Things Digital conference）。在会后的一次采访中乔布斯谈到，苹果公司的组织形式更像是一家初创公司，他和员工们每天都要找时间在一起讨论，大家提出观点，解决问题。

乔布斯说："我们的争论都非常有价值。如果你想聘请优秀的人才为你工作，那么你就必须让他们做很多决定，同时你的公司也必须是靠头脑来运作的，而不是靠等级制度。好点子必须要采纳，不然人才就会流失。"[28]

一个"10 倍领导者"会鼓励优秀的人提出最好的想法。我们的计划就是帮助人们培养这种具有激励性的、健康的、富有成效的人际关系。

误区五：找到理想工作，人生才有意义

追寻人生意义，意味着我们要花费大量时间和精力去实现自我，实现终极目标和终极使命。在职场环境里，这相当于是要找一个梦想中的工作，一旦我们找到这个理想工作，仿佛就能达成所愿，从此以后就能永远幸福快乐。

美国心理学家朱利安·罗特（Julian Rotter）提出了"控制点"（locus of control）的概念，他将人格分为内控型和外控型。具有内控型人格的人相信

自己可以控制自己的人生；而具有外控型人格的人，则认为生活和选择是由机会、运气与外界环境决定的，和自己没有关系。

如果你正等着雇主为你设计一份理想工作，让你得以拥有意义非凡的人生和明确的终极使命，那么你就已经把自己设定为具有外控型人格的人，你可能要为此等待很久。而一个具有内控型人格的人在寻找工作时，往往是在积极地为自己寻找人生的意义与目的，他在寻觅、在发现，而不是在等待。

这两种方式之间的差异非常明显，有可能彻底改变你的生活和事业。因此，**重要的并非是找什么样的工作，而是要明白你自己是什么样的人，弄清楚这个很关键**。

“为什么要工作？”究竟为什么每天早上要从床上爬起来去上班？找到背后的原因其实并不容易，从那些入门级的工作或机械重复性的工作中寻找意义和目标更不会一帆风顺。但是，大部分的工作内容，多多少少都会以某种方式，通过一个更大的使命感来给人们提供一条有意义的成长路径。一位“10 倍领导者”在一天工作结束、自我总结时一般会这样告诉自己：“今天做的一切都是我应该做的。”而不是耸耸肩，自嘲地认为：“今天干的活儿够付房租就行。”

耶鲁大学管理学院组织行为学副教授艾美·瑞斯尼斯基（Amy Wrzesniewski），在 1997 年的一篇研究论文中谈到了以下两种观点之间的差异，即将工作仅仅视为一份工作，还是视为一种强烈的需要。**将工作视为强烈需要的人会在工作中更加努力，也更有毅力，因为工作本身对他们来说就是一种回报或奖励。**[29] 这种观点是基于认知重构，这是一种能够识别出人们对某个观点和事件的负面看法，并以积极的方式重新塑造这些看法的心理技巧，它能让人们获得更好的人生体验与更多的幸福。

瑞斯尼斯基还与其他许多组织学研究人员共同研究过一种被称为“工作塑造”（job crafting）的方法的各种可能性与效果。运用“工作塑造”这种方法，雇主和员工可以共同设计出有意义、有目的的工作。

研究表明，像“工作塑造”这样的方法，能够使人在工作中发现和追求更大的意义感与使命感，能够提升个人工作表现，加强个人和组织之间的情感连接，使员工产生更多的满足感和幸福感。[30] 而我们所设计的“10 倍领导力”方法，目的便在于帮助人们积极探索工作的意义，将自己投入一个更有目标的人生当中。

误区六：只有成功才会幸福

泰勒在哈佛大学教授积极心理学时，在本科生中做过一个非正式研究。泰勒问学生，在收到哈佛大学录取通知书的那天，是不是非常开心，甚至欣喜若狂。大部分学生给出的答案都是肯定的。

泰勒接着问学生们，是否相信收到录取通知书那一刻的自己，比他们人生当中，至少比在那之前的任何时候都快乐。大部分学生又一次回答“是的”。毕竟，对其中大部分人来说，进入哈佛是一件梦想成真的事情。他们可能在那之前都没有真正享受过学校生活，因为一直以来他们都要承受保持成绩领先的压力，在各种学校事务或俱乐部领袖选举中获胜的压力，以及拼尽全力留在校运动队的压力。所有这些辛苦都只为一个目标，这个目标也许能够确保他们一生的成就以及随之而来的幸福。学生们曾被反复告知，并且他们自己也坚信不疑，只要进入这所世界顶级名校，就为人生做好了一切准备，一旦实现了这个目标，他们的压力和挣扎就会立刻烟消云散。

而泰勒最后的问题是，他们现在是否幸福。这次大部分学生的答案却是否定的。也就是说像我们大部分人一样，学生们并没有准确地预见到成功给他们带来的真实影响并不如自己之前想象的那样。

哈佛大学社会心理学家丹尼尔·吉尔伯特教授（Daniel Gilbert）在《撞上幸福》中指出，当人们在畅想未来的幸福状态时，往往会带有一种系统性的误解。吉尔伯特教授在研究中询问那些正在参与终身教职评审的助理教授们，如果发现自己获得了终身教职，那么会感受如何。不出所料，这些同事们都纷纷表示，如果能获得终身教职他们一定会非常高兴。然而接下来，教职评定结束6个月后的问卷调查却显示，获得终身教职和未获得终身教职的人的幸福感与之前并没有太大的差异，这两个群体都已经重新调整了他们对于未来的期待，也都重新恢复到原来的幸福水平。[31] 吉尔伯特教授最后得出结论：**成功与失败给人们的幸福感带来的影响是暂时的**。

上述这些研究，再结合我们大部分时间的观察、互动以及个人体验，都确认了一个事实，那就是“成功（原因）能够带来幸福（结果）”这个大家都觉得是常识的观点，其实是错误的。实际上应该反过来描述这个因果关系：**幸福（原因）导致了成功（结果）**。心理学家索尼娅·柳博米尔斯基（Sonja Lyubomirsky）[①] 等人都在不断阐明幸福是如何带来更和谐的关系、更融洽的婚姻、更丰厚的收入、更优秀的表现、更高水平的适应力以及更健康的身心的。[32]

这并不是一个全新的观点，在东西方思想家的著作与教学中随处可见。越南高僧、学者、和平主义者释一行禅师（Thich Nhat Hanh）在世界巡讲中反复倡导“正念生活艺术”（the art of mindful living），他向人们提出：“没有什么道路通向幸福，因为幸福本身就是脚下的道路。”

---

① 美国加州大学心理学教授，曾师从著名社会心理学家、冲突和谈判领域顶级专家李·罗斯，被誉为“最受大众媒体欢迎的心理学者”。其著作《幸福的神话》已由湛庐文化策划、浙江人民出版社出版。——编者注

你可能会说："好吧，但如果我不认得这条路该怎么办？"好消息是，科学告诉我们，你完全可以发现这条路。吉尔伯特说："幸福是可以被合成的。"吉尔伯特和柳博米尔斯基及其他研究者，为我们展示了如何实现这种合成，其实这并不复杂，只要我们不固执地坚信它很复杂。[33] 柳博米尔斯基在其著作《幸福有方法》中认为，人们所谓的幸福，有40%是不受基因或环境决定的，而是由我们的选择决定的。[34]"10倍领导者"深知对成就与幸福的探索就是通向成功的路。在本书的其余章节里，我们会给出具体策略去发现幸福这条路，并在那里停驻下来。

摒弃错误，向高效领导者迈进

如果我们想知道人类能跑多快，那么只计算普通人群中"好样本"的平均速度是不够的，我们要去收集那些奥运会金牌得主的成绩，看看他们能跑多快，结果会更接近正确答案。同理，如果我们想知道精神成长、价值感提升，或者道德发展的空间究竟有多大，我认为研究品性最端正、最道德、最圣洁的人并向他们学习，才是正道。

——亚伯拉罕·马斯洛[35]

通过对以上各种误区的审视，我们开始重新建构自己的观点，去设计"10倍领导力"计划。如果那些误区中的观点被证实是错误的，那么成为一个高效领导者的正确路径又是什么？我们又如何才能收获幸福以及随之而来的成功？

我们没有像大部分研究那样着眼于平均水平的群体，而是汲取马斯洛的观点，从奥运冠军级别的领导者们入手，关注那些最有成就、最出色的领导者。后来，我们终于找到了让优秀的“10倍领导者”和组织脱颖而出的特质。

如果你仔细研究之前的那些误区，就会注意到前5个错误观念，分别对应我们领导力培育计划中的优势、健康、专注、关系及目标。因此，通过研究大部分人对领导力和成功的错误理解，以及少数人对其正确的理解，由优势、健康、专注、关系和目标这五项构成的SHARP模型诞生了。

在SHARP模型中，真正的科学和隐藏在“10倍领导者”高效、幸福以及巨大成功背后的神奇魔力得到了充分结合。在下一部分，我们会探讨本章的每一个误区，并展示如何理解并执行SHARP模型，才能帮助人们挖掘实现个人蓬勃发展的潜能。

通过审视本章最后一个关于成功与幸福关系的误区，我们认识到我们在打造高效的领导者方面所做的一切，其背后的核心理念是，通向卓越和成功最好的路就是做一个幸福的人，除此之外再无其他。我们这就向你说明为什么要这样，以及如何才能向自己证明这一点。

THE

JOY

OF

LEADERSHIP

第二部分

SHARP 模型：
使你效率倍增的领导力提升法

整合由优势、健康、专注、关系、目标构成的 SHARP 模型，并将其与你在职场内外的发展相结合，是让你效率倍增、成为“10 倍领导者”的关键，而这也是高效领导者成功的原因。

THE
JOY OF LEADERSHIP

03

专注优势，找到自己的最佳领导区

快乐就是优势。

——特蕾莎修女

很多年前，泰勒还在哈佛大学读本科，还没成为一个畅销书作家，那个时候每个哈佛本科生都要上写作课。泰勒的第一个写作老师，我们姑且叫她希尔达，很不幸，不怎么样。当泰勒去她的办公室讨论自己的第一篇文章时，希尔达牢牢抓住泰勒的缺点，不停地打击他："你这全是小孩子腔调，主题不清，逻辑混乱，这学期我们要着重解决这些问题。"这听起来就像是在恐吓。

接下来他们确实对这些问题下了功夫，但希尔达老师对泰勒缺点的关注却始终既严厉又无情。也许她的出发点是好的，但结果却让泰勒非常痛恨写作这门课。当时没有任何迹象表明泰勒今后能成为一名作家。痛苦而煎熬的各种纠正练习让他对自己的写作完全失去了信心，那简直就是一门特意打击人的课程。那学期泰勒虽然很努力，但写作水平却没有很大的改善。

第二学期，泰勒的写作课换了一位新老师，名叫玛克辛。当玛克辛老师和泰勒一起讨论他的第一篇作文时（这篇的水平和上学期写的那些其实没什么差别），泰勒被老师的问题震惊了。玛克辛说：“你自己的声音在哪里？你在课堂上既热情又努力，你知识丰富，阅读量大，在讨论环节你总能讲出那么多不同领域的观点，但你并没有把它们充实到你的文章里。”

玛克辛老师没有命令泰勒回去修改错误，而是针对下一篇文章给了泰勒一些新的指导，她说：“我想听到你的声音，我想要看到你的激情与观点。”泰勒后来才意识到，这就是他写作生涯的开始。通过关注泰勒的优势，玛克辛老师成功帮助泰勒向成为一个深受读者喜爱的畅销书作家迈出了第一步。

必须要强调的是，泰勒从没有想过反对希尔达老师的点评，他只是更喜欢玛克辛老师的意见，因为那些意见让他有机会得到成长。泰勒的文章中，在希尔达老师看起来是幼稚不堪的地方，玛克辛老师却认为那是个人激情的体现；在希尔达老师看起来是啰唆冗长的地方，玛克辛老师却看到了丰富的知识、美好的回忆以及惊人的想象力。泰勒在玛克辛老师的帮助下，整个第二学期的写作表现就像自己在课堂上的表现一样，神采飞扬又文采斐然，同时泰勒在文章中也努力让自己将知识表达得更系统、更有逻辑。

第一学期结束时，写作是泰勒不愿再触碰的、令其讨厌的事，而在第二学期结束时，泰勒几乎再也无法停止写作了。现在泰勒已经出版了 8 本书（包括这一本），并且还有很多本正在酝酿中。写作是泰勒的目标，同时也是他快乐的源泉。但如果当年玛克辛老师没有指出泰勒的优势，并坚持让他在这些方面继续加油的话，那么泰勒可能永远都发现不了这一点。这就是基于优势的方法所具备的力量。

同样，安格斯的职业轨迹也使他越来越倾向于利用自己的优势来培养人们的领导才能。当安格斯刚刚加入麦肯锡时，他的目标是让客户成功并让自己能够成为公司合伙人。当安格斯终于达成所愿，成为合伙人时，他非常得意，毕竟这是他多年勤奋工作的结晶。然而，几年之后，安格斯开始感觉身心俱疲，能量枯竭，他和家人的关系也变得危机重重。他对客户、团队成员甚至全部工作都失去了热情。

必须要做出改变了。为了能保住自己的工作，安格斯明白他必须认真思考，找到那些他擅长且真正在乎的东西。安格斯发现，他最热爱也最擅长的事情，就是和人打交道并发掘他们的潜能。因此安格斯开始花更多的时间指导个别团队成员，告诉他们如何与同事建立良好的关系，如何发挥他们的领导潜能。随着时间的推移，安格斯发现他能够将那些自己认为是耗费精力的工作，比如后勤事务的查缺补漏等其他一些注重细节的任务，转交给对这些事情有诀窍、有兴趣的人。

安格斯认识到，他利用自己的优势做得越多，同事和客户就越看重他的贡献，而他也越能就此明确自己这个职业角色所侧重的工作任务，即分享知识，培育团队与领导者。

安格斯对自己的职业定位并非源于一时顿悟，而是有一个循序渐进的过程，这一过程始于初入职场时自己作为一个年轻助理所做的那些指导和训练。多年过去，当安格斯的内心已确认、外部也认可了他对自己的这一定位时，这份工作就开始成为他职业中更有意义的一部分。最终，它也成为安格斯职业生涯中最重要的内容。

泰勒和安格斯的早期经历，都证明了上一章谈及的“要成功就要完美无缺”是一个错误观念。他们通过直觉意识到了这一错误，并最终用证据证明了这确实是一个误区。

比弥补缺陷更重要的是发展优势

一个人不可能擅长所有的事情，每个人都各有所长。

——欧里庇得斯

盖洛普公司是美国著名的民意调查企业，现已发展成为世界上最大的管理咨询公司之一，擅长测量并解读人类行为。盖洛普对基于优势的方法的运用，在全球范围内都处于领先地位。

盖洛普有一项针对来自数十个国家受访者的调查："什么能够使你的人生更加成功？是了解自身缺点并努力做出改善，还是将自身优势发挥到极致？"在每一个参与调查的国家，受访者选择关注自身优势的都是少数。[1] 但有趣的是，这些认为优势更重要的少数人，却是人生更成功的那部分。

盖洛普 Q12 测评法是一套涵盖了 12 个问题的问卷，被广泛应用于全世界各种规模的企业和部门，帮助预测员工的工作动机和敬业程度。这套问卷中的每个问题都针对一项商业成功的关键指标，其中有这样一道题目："在工作中，你是否每天都有机会去做自己最擅长的事？"盖洛普在评议员工对这个问题的反馈时发现，表示强烈同意的员工里有 38% 的人更有可能正任职于一个非常富有成效的企业部门；有 44% 的人正任职于有着较高客户满意度的企业部门。也就是说，强调优势的少数群体事实上是一个非常成功的群体。

盖洛普公司后来又继续证实，**强调优势与成功之间存在着因果关系**。盖洛普的咨询顾问指导企业经理帮助员工识别并发挥自己的优势，结果，企业员工的工作表现与职业满意度都直线上升。

不过，盖洛普同时也就这个问题的调查结果指出，只有 20% 的受调查者相信他们的优势每天都得到了充分利用。[2]而且在公司，你爬得越高，就越难找到运用自身优势的人。所以，对于我们大部分人来说，在利用优势方面还有很大的进步空间。

20 世纪 80 年代，盖洛普公司从民意调查开始转向进行更具组织性的心理访谈。美国心理学会公认的“优势心理学之父”唐纳德·克利夫顿（Donald Clifton）引领了盖洛普公司的这一新时代。20 世纪 50 年代，当克利夫顿还是一名研究生的时候就意识到，当时在心理学领域，大家的研究点大多都在问题与病理上。于是，克利夫顿倾注了毕生精力去研究成功，并研制出了各种测评量表来帮助匹配人员与岗位。正是克利夫顿最早发现，**职场成功的关键在于人们能否充分利用他们的天赋**。

在畅销书《现在，发现你的优势》中，克利夫顿和合著者马库斯·白金汉（Marcus Buckingham）写道：“人生最大的悲剧并不是我们没有足够多的优势，而是我们根本没有去发现和利用自己所拥有的优势。”[3]

这确实是一个很大的悲剧，因为大部分人都将注意力放在了自己或者别人做不好的地方，故而有太多人的潜能都尚未被发掘，甚至从未被意识到。我们用在修复缺点上的时间要远远大于我们用于挖掘自身潜能的时间。

在《21 世纪的管理挑战》一书中，彼得·德鲁克说得很好：“从无能到平庸，所花费的精力要远远大于从优秀到卓越。”[4]去发展自己已有的优势确实要比克服自己的缺陷简单得多，而且回报也大得多。

在《卓越的秘密》中，约翰·曾格（John H. Zenger）、约瑟夫·福克曼（Joseph R. Folkman）等人详细论述了一项研究，进一步证实了德鲁克的观点。他们的机构曾从多角度对 2.46 万名领导者的领导能力进行过综合评估，根据反馈他们发现，无论领导者在弥补缺陷方面倾注了多少心血，也只能将领导者提升到整体有效性度量的中点。即使是那些一直在大多数能力上都表现优异的人，最终也没能让缺陷成为优势。但是当领导者在领导能力清单中有三至五项表现出色，分数加起来超过 90 分时，他们就很可能被列为该组织的顶级领导者之一。[5]

曾格与福克曼后来的研究进一步证实，那些在优势上下功夫的人，其分数要比在综合领导力评估中只关注缺陷的领导者高两倍，同时他们的其他能力也得到了发展，而那些只围着缺陷打转的领导者就没能获得如此成效。[6]

我们这个时代的许多杰出领袖与执行者，都对曾格、福克曼以及其他学者所阐述的理念有着直觉般的理解。

已故的安妮塔·罗迪克（Anita Roddick）是美体小铺（The Body Shop）的创始人，曾担任该公司的首席执行官很多年。虽然罗迪克一直都被认为是最具创新力、最有远见，也是最有影响力的英国商业领袖之一，但是罗迪克自己也承认，她并没有太多商业头脑。事实上罗迪克在公司的事务性管理，诸如财务管理等方面的技能都非常薄弱，不过她并没有花费太多时间在弥补缺陷上，而是通过自己的人格魅力和理想主义，吸引到众多擅长她所不擅长的领域的人们，这些人最后与她一起共同创造了一个可持续的、具有高道德标准的化妆品企业。员工与自己能力的互补，让罗迪克能够专注于自己的优势领域：与这个世界分享她的理念。

足球明星大卫·贝克汉姆 2013 年退役。他在 20 年的职业生涯里，曾两次获得国际足联授予的世界足球先生银球奖，在 2004 年还被评为“史上 100 位最伟大的球员”之一。但是贝克汉姆承认，最初，与很多球员相比，他的缺陷更突出，甚至在他成为世界最著名的球员之后，他仍然饱受争议，有大量的批评都聚焦在他的短板上。在20世纪六七十年代曾为曼联效力的乔治·贝斯特（George Best）曾这样评价贝克汉姆："他不会左脚踢球，不会头球，不能截球，也得不了很多分，除此之外，他都还不错。"[7]

贝克汉姆比大部分进攻型球员速度都要慢很多，但他能够脱颖而出靠的是技术。贝克汉姆有非常出色的定位技巧，他总能找到一个最佳位置去击败对方后卫。他的射门出色，传中有力，传球精准。

贝克汉姆作为足球史上最伟大的任意球大师之一，永远被人们铭记。世界各地有数百万孩子都努力模仿他弯腰发球的样子，希望可以复制贝克汉姆的雄姿。据报道，贝克汉姆曾经在其他球员结束训练以后，仍留在球场练习任意球，一练就是几个小时。

试想，如果罗迪克努力研究数据表格，或者培训零售店的工作人员，那么在她身上又会发生什么？如果贝克汉姆花费大量时间来提升跑动速度或者左脚传球的能力，那么他的职业生涯又会是什么样？最有可能的结果是：大部分人都不会知道他们的名字。

就像克利夫顿和白金汉写的那样："并不是说你要停止弥补缺陷，而是说你应该明白，**单纯去弥补，并不能给你带来发展，弥补缺陷的确能防止你失败，但它永远都无法让你变得更优秀。**"[8]"弥补缺陷"的心态会带来悲剧，甚至在你开始工作之前，它就大大降低了你的业绩表现，它迫使你只是为了合格而努力，却令你错失了本可以变得更优秀的机会。

但正如克利夫顿和白金汉所指出的，避免失败也是必须的。曾格与福克曼也赞同这一观点，**当一个短板已经上升为所谓的"致命缺陷"时，你就必须也对它予以重视。**

曾格与福克曼曾写道："虽然有越来越多的领导者开始使用这种基于优势的方法，但我们仍然建议他们也要关注自己的主要缺点，尤其是当这一缺点对工作效率已经造成了很明显的负面影响时。但好消息是，人们在克服潜在的致命缺陷时，由于起点往往非常低，最后总能获得巨大的收益。"[9]

运用基于优势的方法并不意味着你要避免弥补缺陷，这只是强调你要将努力的平衡点转移到发展你的优势上。一个像罗迪克这样有着出色人际关系技巧的经理人，也必须对行政管理有足够的了解，至少可以用自己的方法看懂财务报表，并能了解自己愿景实现的可能性与局限性。一个在高科技部门具有很强编程能力的经理，如果有社交障碍，那么也应该努力发展一些与他人打交道的能力，从而确保自己与员工的互动不至于妨碍到实现公司的目标。贝克汉姆也没有忽视他的短板，速度不快、不会左脚传球虽需要改善，但是他一直努力使自己的身体保持最佳的状态，以便最大限度地减少自身局限给自己造成的障碍。

那么如何才能知道需要投入多少努力去弥补自己的缺陷呢？很不幸，这不是一个非常容易就能准确回答的问题。

THE JOY OF LEADERSHIP

一个好的经验法则是，对弥补缺陷所投入的努力，最好不要多到会阻碍、分散你发展优势的精力。

最佳领导区：两种优势的完美结合

在传统职场环境中，许多人面临的问题是，工作不是由自己的优势来决定的，做什么都是由这份工作决定的。于是结果是，有的人不仅没有机会利用自己的优势，而且优势有时甚至还会衰退到自身再也意识不到其存在的地步。因此，很多人的优势都还亟待发掘与探索，而发掘自己的优势正是个人实现蓬勃发展的第一步。要想在职场中发挥自己的才能，认识并区分自己身上的两种优势很重要，这两种优势就是“执行优势”和“激情优势”。

执行优势，简单来说就是你已经非常擅长的或者你有极大的潜力能够擅长的领域。如果你不是很确定自己这方面的优势究竟是什么，可以通过下面几个简单的问题找到答案：

- 我的优势是什么？
- 我的天赋是什么？
- 我做哪些事情的时候感觉最得心应手？
- 我在当下的工作中最擅长做什么？在过去的工作中有哪些是我做得最成功的？
- 在工作或其他地方，哪种类型的事务是我最容易上手的？

你是擅长和数字打交道，还是对语言更敏感？你在策划与决策制定上更厉害吗？你是在人前更有效率，还是更喜欢幕后工作？你的执行优势就是那些能够发挥你具备的潜能、助你获得成功的技巧与能力。当你使用执行优势时，你会觉得你正在做自己应该做的事情。

激情优势，指的是那些能够点燃你的热情，促使你发挥天赋的东西。下列这些问题，能够让你发现自己的激情优势是什么：

- 什么最能给我力量？
- 什么能够让我兴奋，使我充满活力？

- 什么是我喜欢做的？过去做什么事能让我最开心？
- 在工作和其他领域里，我对什么最有热情？

为工作团队制定策略方案能让你感觉兴奋并无比期待吗？你渴望看到自己的想法被实现的过程吗？当你认真倾听他人诉说的时候，你会与他人产生情感联结和共同的使命感吗？你觉得和数字打交道好玩吗？在万众瞩目的环境下发言会让你激情四溢吗？还是说在一个亲密的小团体里你会觉得更快乐？当你运用激情优势的时候，你会觉得你正在做的就是你想做的。

我们都有过一早醒来害怕去上班的日子，因为我们知道自己将要面对的是那些消耗自己的工作内容。比如年度库存盘点，我们要和一大群人一起在仓库里，一个架子一个架子地"艰难跋涉"。但类似这样的任务又常常在所难免。所以，如果我们每天起床去上班，做的都是能够激励自己的事情，能让自己时刻都觉得：哇！如果可以做更多这样的事情，我会更受鼓舞、更高兴！那么工作一定会使我们变得更加快乐。

SHARPening Moment

优势

- 依据本章内容，明确你的执行优势和激情优势。
- 想一想当你处于最佳领导区时，同时利用执行优势和激情优势，结果会如何？如果你在最佳领导区能付出更多的时间，你会获得哪些成功？
- 无论是在家还是在工作中，都尝试设想一种方法，让自己践行"精熟体验"（mastery experiences）[①]感受，以逐步建立能力和信心，创造更愉快的工作体验和更好的工作成果。

① 关于"精熟体验"的内容，本章稍后部分将详细论述。——编者注

- 明确自己最大的短板是什么。如果不总去惦记着它们，不在它们身上花太多时间，不去试图将它们变成优势，那么你将如何最大限度地降低这些短板在工作和生活中对你造成的负面影响？如何能够在不影响工作质量的情况下，用更少的时间去处理那些自己不喜欢做的事情？

2003 年，高管招聘与领导力顾问公司史宾沙（Spencer Stuart）的合伙人吉姆·西特林（Jim Citrin）和理查德·史密斯（Richard Smith）在一项针对 2 000 名高管进行的深度访谈和调查研究中称，只有 9% 的受访者觉得他们所从事的工作是自己擅长并热爱的。但当被要求试着描述一位他们了解的最出色的高管时，大部分受访者所提及的都是在工作上既有能力也非常有激情的人，换句话说，**这些杰出的领导者都将自己的执行优势与激情优势进行了完美的结合**。

西特林和史密斯在合著的《一生能有几次工作》一书中，用大量篇幅讨论了与此研究相关的内容。我们有必要深入理解此研究的应用价值：

第一，要想充分实现潜能，人们需要同时关注优势与激情；

第二，大部分人都还没能做到上一点，哪怕是高管级别的人。[10]

我们都还有大量未开发的潜能。

解锁这些潜能是我们“10 倍领导力”计划的首要目标之一，我们引导人们审视、比较他们的执行优势与激情优势，最重要的是，探索两者的重叠之处，即图 3-1 所示的最佳领导区。

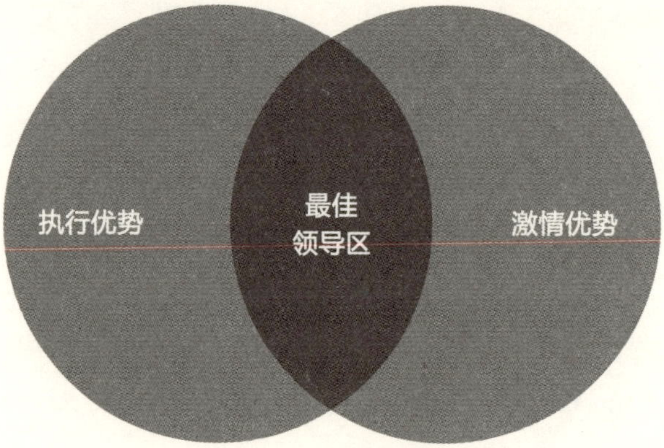

图 3-1　最佳领导区

找到了执行优势与激情优势重叠的“最佳领导区”，也就找到了最有可能让你实现成功与幸福的潜能。我们来举一个稍有些极端的例子：如果你身高两米，并具有非凡的手眼协调能力（这在篮球运动上很有优势），可你并不真正享受运动或者关心篮球比赛，那么无论有多少教练和团队青睐你，并鼓励你充分利用自己的才华，你基本上也不太可能成为一名伟大的篮球运动员。

另一方面，如果你非常喜爱篮球比赛，可以的话你甚至愿意天天都泡在体育馆里，但若在比赛中你没有任何收获，那么你的热情和付出也无法助你成为最高水平的运动员。

泰勒所热衷的爱好之一就是听音乐，古典音乐、20 世纪六七十年代的歌曲，以及当今的大部分流行音乐都是他的最爱。聆听音乐能够让泰勒恢复活力，充满能量。当泰勒戴上耳机，闭上眼睛时，他感觉自己仿佛穿越到另一个世界，他无法想象没有音乐的生活会是什么样。

但是泰勒并没有音乐方面的天赋，他不会唱歌，也不擅长任何乐器。为了他自己，也为了他身边的人，泰勒没有选择音乐作为职业。音乐对泰勒来说虽是激情优势，但绝不是执行优势。

泰勒善于研究，这是他的执行优势。他擅长设计和实施行为研究，以及撰写之后的结论报告。而且如果在这个领域投入足够多的时间与精力，泰勒还会做得更好。但泰勒就是不喜欢这些。想想那些收集数据、分析数据的过程，最后还要把这些数据都整理成一篇学术论文，实在是太枯燥了。泰勒拿到博士学位之后，他完全有实力在研究领域站稳脚跟，但是搞研究并不是他的激情优势所在，于是泰勒决定把他的才华发挥到其他地方。

接下来是教学，泰勒擅长于此，并且教学能带给他巨大的能量，这就是其他任何事物都无法取代的。泰勒不断地周游世界，从一个城市到另一个城市，作息安排经常被打乱，他也常常疲惫不堪地赶赴下一场巡讲。但是，一旦站在观众面前开始自己的演讲时，泰勒就会立刻恢复精力充沛、神采奕奕的状态，和大家分享他的想法与知识。

当激情与天分能够像这样互相补充时，你就会产生强烈的动力去超越过去的自己，让自己在擅长的领域变得更加优秀。泰勒经常回看自己的演讲视频，从中吸取成长的经验与教训。他知道，自己正如大家所说变得越来越好。

当给别人授课的时候，泰勒就处在自己的最佳领导区。在这里，他觉得自己正以最好的状态示人，并认为这是他应该做的，也是他非常想去做的。

发现你的最佳领导区，可能会改变你的人生，但是这也需要一定的自律与成熟度。你也许非常有音乐天分，同时也非常热爱演奏吉他，但那是否意味着你就应该立刻辞职，然后找个地方开始准备演出？也许并不是这样。因为一时顿悟，人们突然改变事业轨迹，然后功成名就的例子，大部分都是虚构的、带有娱乐性的励志故事。现实生活是复杂的，通常需要一条更微妙、稳妥的路径。大部分人通过寻找最佳领导区，最后都会有不同的获益。这是一个自我觉察与自我认知的过程，能够帮我们抓住发展自身天分的机会，在自己感兴趣的领域有所追求（见图 3-2）。

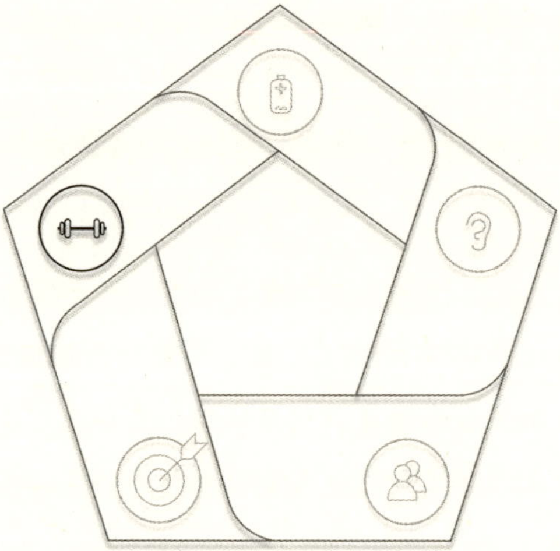

图 3-2　SHARP 模型之优势（Strengths）

设计“精熟体验”，树立领导自信

从积极意义上说，锻炼你在最佳领导区的技能，能让你沉迷其中。一旦你将激情带入工作，就会发现自己想做更多。跨国保险集团英杰华（Aviva）的领导力与文化主管凯伦·斯蒂凡尼辛（Karen Stefanyszyn），就建立了一套基于优势的领导力培训计划，她将这种基于优势的方法比喻为“将精灵放出瓶子，这样它就再也不会回去了。一旦你认识到你所擅长以及热爱的事情……那就很难再回到没有它们的生活中去。试问谁会想要回去呢？”

正如你的激情与优势能够不断地互相补充、彼此激发从而创造成功，若你对自己的优势缺乏认知和肯定，并缺乏自信的话，那么就有很大的可能真的会失败，而且这反过来还会进一步降低你的自信。

让我们举例说明，它对你来说绝不陌生。艾丽丝，一个喜欢和数字打交道的10岁数学奇才，从进幼儿园开始，她的老师就很清楚艾丽丝在数学上不需要太多帮助。但是艾丽丝在语文上表现却很一般，虽然不会犯太多语法或者拼写错误，但因为不喜欢写作，她的作文总是平淡无味，只能勉强过关。艾丽丝也不太热衷于阅读，尽管她能够在阅读理解测试中达到平均水平。

大部分学校可能会拿出更多的时间与资源去督促改善艾丽丝那不够出色的语文水平，其结果很可能是：艾丽丝的阅读与写作达到了中等水平。但这个提升实在是太有限了，因为艾丽丝不仅不喜欢语文，她在语文上也没有特别的天赋。此外，在这所学校里，艾丽丝可能远远不能发挥自己在数学上的潜能。因为没有机会去发展优势，所以艾丽丝大概也无法达到她本可以达到的程度。

更严重的后果是：艾丽丝的自信心很可能会因此受到打击。不断被强调自己的弱点，忽视她本来喜欢和擅长的领域，艾丽丝的老师们也不知不觉地助长了这种低自信与平庸的恶性循环。

这里的问题是自尊，尤其是低自尊，是不会有边界意识的。艾丽丝不太可能提醒自己，尽管自己语文水平一般，但却有很好的数学潜力，从而让自己振作起来。一些心理学家的研究已经明确论证了“过度泛化”（overgeneralization）这一现象，在这种现象中，人们会过分夸大失败的负面影响，以致远远超出其真实情况。[11] 艾丽丝的自信很可能会大幅下降，而她的表现，无论是在社交还是在学业，甚至包括在她擅长的数学上，都会因为她对自己能力的怀疑而受到负面影响。

关于“过度泛化”的研究表明，如果学校能够转而先去关注艾丽丝的数学，那么她就会在这个领域学有所成；同时这种好处也会泛化到其他方面，艾丽丝会更加快乐、更有成就感，甚至她的语文水平同样也会得到提升。

哈佛商学院教授罗莎贝斯·莫斯·坎特（Rosabeth Moss Kanter）曾说过：“拍拍人家后背然后说他们很棒，这并不能使他人建立自尊。而自信是一种更复杂的现象，它产生于将自身优势付诸行动的体验。”[12]

如果我们能把自身短板控制在不会阻碍我们发挥优势的程度，那么我们就能通过那些能发挥自身优势的体验来树立自信。斯坦福大学心理学家阿尔伯特·班杜拉（Albert Bandura）在阐明其自我效能理论时，提出了“精熟体验”的概念：在这种情况下，人们能够高效完成任务，或者在一些事情上明显表现得更好，最终使自己体验到成功的感觉。班杜拉和其他人的研究表明，**“精熟体验”能够增强人们的自信**[13]**，而自信反过来又能使人们表现得更好，并提升人们今后实现“精熟体验”的可能性，这是一个良性循环**（见图3-3）。

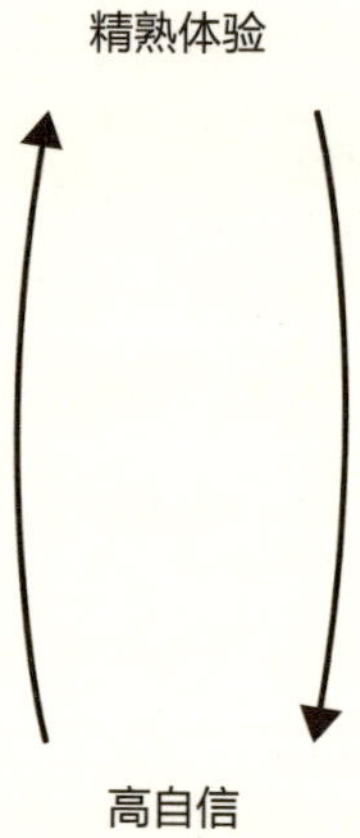

图3-3 “精熟体验”与高自信的良性循环

另一方面，失败的体验有更大可能会让我们再一次失败，这将会进入一个使自信快速下降的恶性循环（见图 3-4）。

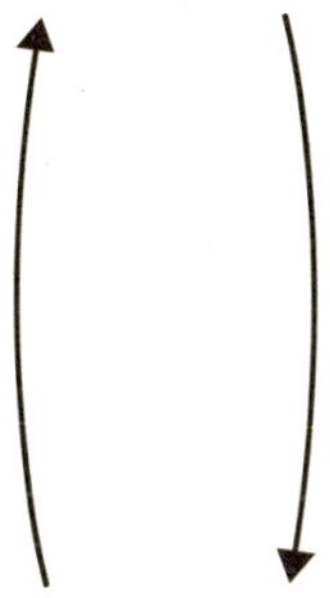

图 3-4　失败体验与低自信的恶性循环

在以上两种情况中，更容易控制的变量是一个人能不能通过一系列“精熟体验”来获得成功，而不是他能不能首先建立高自信，因此我们就从这里开始“10 倍领导力”之旅。如果鼓励艾丽丝先去挖掘她的数学优势，那么她很可能会变得更加自信，而这可能又将促使她成为一个全面发展的好学生。

我们的一个朋友鲍勃，过去 10 年都在同一家软件公司担任计算机程序员，我们偶尔会给他一些建议。在鲍勃前 8 年的职业生涯里，每逢年终评定，老板们给他的评语都大同小异:“鲍勃，你的技术很不错，知识面也很广，但是你设计程序时却很马虎，总是出错，文档也不准确。”

每一年，鲍勃看着年终评定时都会考虑自己是不是该换个行当，但一直没有下定决心。那些年鲍勃不断和自己的短板顽强地做斗争，希望自己的能力可以强大到攻克这些弱项。

公司的故障排除部门是个完全独立于编程部门的平行机构。一天，该部门的一个同事请了病假，于是正在寻找机会的鲍勃接手了同事的工作。鲍勃发现自己竟然能做得很好，他非常善于发现其他人的程序漏洞，然后设法解决。鲍勃喜欢像个侦探一样，指导其他程序员如何解决问题。结果证明，鲍勃不仅仅是胜任，他在这个位置上比公司其他任何人表现得都要优秀。因此鲍勃转岗到了故障排除部门，不到两年他就成了这个部门的负责人。在这之后鲍勃也更快乐了，他每天都期待着起床去上班，甚至还盼望着年终业绩评定。而这都开始于一次意外的“精熟体验”，在这个体验中鲍勃正好处于自己的最佳领导区。

THE JOY OF LEADERSHIP

要想让自己长时间地处于最佳领导区，你需要先花时间弄清楚你的激情优势和执行优势都各是什么，同时也要向非常了解你的朋友和同事寻求建议。通过这样的方式，你就可以设计和安排“精熟体验”，使自己保持在应该和想要的状态里。

在自己的最佳领导区增加哪怕一点点的时间，都是非常关键的，只有积跬步才能至千里。任何一个微小的变化，最后都可能会带来很大的差异。

好领导应善于发现员工的优势

随着在积极心理学领域工作的时间越来越长，泰勒发现自己的个人经历，特别是在哈佛读书时那两门初级写作课的体验，完美地验证了克利夫顿等人的研究。正如泰勒的老师玛克辛所指出的，泰勒身上曾有完全不同的两面：

在班里，他勇敢、好奇、投入而且充满了丰富的知识与深刻的见解；但是作为一个写作新手，或许是因为过往一些总被关注缺点的不愉快经历，泰勒表现得胆怯、退缩，并且害怕犯错误。

在《现在，发现你的优势》一书中，克利夫顿和白金汉写道："早在20世纪30年代，杰出的思想家、心理学家卡尔·荣格就曾说过，当必须破坏、消解或者减少某些东西的时候，批评是有用处的，但是当需要建设某样东西的时候，批评只会有害无益。"[14]通过专注于自己的优势，泰勒不断地进步，同时也从写作中获得了极大的快乐。如果当时泰勒选择了其他方向，对自己的短板百般挑剔，并且还投入大量的精力来改善它们，那么他最后很可能会失败。

就像我们之前说的，若一个人缺失自信，那么他就会对自己抱有较低的期待，最终也就真的会实现自己确实平庸的预言。但如果与我们一起工作的人特别是领导者，缺乏想象力，也同样会让这样的预言应验。**一名员工在其工作中是否能够充分地运用自身优势，很大程度上取决于其所在企业的领导者对该员工的期望与决策。**

一系列研究都表明，员工职业成败的关键在于，领导与权威是否能够将员工潜藏的优势挖掘出来。1965年，心理学家罗伯特·罗森塔尔（Robert Rosenthal）和勒诺·雅各布森（Lenore Jacobson）在美国加州的一所公立小学进行了一个实验：他们告诉老师，通过对学生进行"哈佛学习变化测试"，他们发现学校中有20%的学生具有极大的"潜在天分"，学习成绩很快就会突飞猛进。

其实，这是罗森塔尔和雅各布森给老师的一套说辞，根本没有所谓的"哈佛学习变化测试"，学生们参加的只是普通的智商测试而已。此外，放在名单里的具有“潜在天分”的学生也都是被随机挑选的，是研究者按学校总人数的 20% 任意抽选的样本。

罗森塔尔于当年年底又回到学校，得知各个班级被随机抽样的学生在每门课程上都有了巨大的进步，从语言艺术到数学都要远远优于其他同学。更神奇的是，当罗森塔尔对学生们再一次进行智商测试时，他发现这些被定义为具有“潜在天分”的学生的分数和上一次相比都有了大幅提高。

智商，或者说一个人的智力水平，在当时甚至之前的数十年都被认为是衡量先天智力的指标：你出生时遗传了一定的智商，去世时你的智商水平与你出生时是一致的。而罗森塔尔和雅各布森则证实，学生的智商事实上是可以随着高期许而得到显著提升的。

两位研究者意识到自己揭示了一个新的真相，他们后来将该项研究成果称为“皮格马利翁效应”。[15] 皮格马利翁是希腊神话中的一个雕塑家，他发现世上难觅一位他所认可的美女，于是就亲手用象牙雕刻了一位女子的塑像，后来女神阿佛洛狄忒赋予了这座雕塑以生命，雕塑中的女子后来也成了皮格马利翁的伴侣。

哈佛大学教授斯特林·利文斯顿（J. Sterling Livingston）在职场中复制了罗森塔尔和雅各布森的实验与结论。利文斯顿告诉企业经理，某些员工在一个甄别潜能的测试中表现优异。当然，和罗森塔尔与雅各布森的实验一样，所谓的表现优异的员工也都是随机抽选的。利文斯顿在后来被命名为“职场中的皮格马利翁效应”的研究报告中，指出了两点有趣的现象：第一，经理的期许对其下属的职业发展与工作表现有着巨大的影响；第二，经理的自我期许，即他相信自己能做到什么，与他相信下属能做到什么有着微妙的镜像效应。如果经理对自己培养和启发员工的能力非常自信，那他就会在这方面对员工期待更多，最终他也能从员工那里获得更多满足其期待的回应。但是如果经理对自己不够自信，那么他就会倾向于对员工抱有较少的期待，于是相应地，收获也就更少。

“优秀经理人的成功纪录和对自己能力的信心，使员工能放心地对他们抱有高期望，”利文斯顿写道，“他们的员工会认为这些期望都是可以实现的，并会朝着这个方向去努力奋斗。”[16]

2006年，领导力研究者布鲁斯·阿沃利奥（Bruce Avolio）和弗雷德·卢森斯（Fred Luthans）在总结了一个世纪以来领导力培育方面的重要研究之后，发现“对员工发展影响最大的就是积极信念的提高，这可以使他们相信自己在工作上的实际表现要比他们本来认为的更好”[17]。换句话说，**衡量一个员工会有多大成就，最可靠的标准就是这个人在多大程度上相信自己。**

哈佛大学心理学家霍华德·加德纳（Howard Gardner）在其著作《智能的结构》①中写到，人们不应再问“这个学生究竟有多聪明”，而要去思考“这个学生怎么这么聪明”。[18]第二个问题是假设每个人都聪明，只是在不同的方面各有所长罢了。而**教师和领导者的任务，就是要帮助人们明确并发挥各自的优势。**

团队管理：创建优势互补的多元化团队

职场中，在工作截止期限的压力下，出现意外总是会令人无比沮丧，然而能让你的优势浮出水面的却往往是精心准备与偶然机遇发生的意外碰撞，或者一系列这样的碰撞，这有时甚至会持续好几年。也就是说优势的发现很

① 该书对多元智能理论做了全面而系统的介绍，标志着多元智能理论的诞生，被心理学界誉为“哥白尼式的革命”。该书已由湛庐文化策划、浙江人民出版社出版。——编者注

多时候并不会遵循什么固定的程序或时间表。2005 年乔布斯在斯坦福大学的毕业典礼上演讲时，给大家讲述了他学生时代的故事。那个时候乔布斯还只是一个穷困潦倒的学生，他对任何有实际用途的东西都不感兴趣。从大学辍学后，乔布斯在学校里只选自己感兴趣的课程旁听，他选择的第一门就是有关艺术字体的课。

“我知道了什么是衬线字体与无衬线字体，学会了在不同字母之间设置不同的间距，以及如何做出漂亮的印刷版式。其中的美丽、古典与艺术气息是科学没有办法捕捉到的，我深深为之着迷。”

1976 年，乔布斯无意间开始了苹果电脑的设计生涯，他和自己的合作伙伴史蒂夫·沃兹尼亚克思忖着要为业余爱好者设计一款不那么昂贵的电脑。乔布斯说：“当我们设计第一台 Macintosh 电脑时，我一下子就回想起当年自己学过的那些艺术字……Macintosh 是第一台拥有漂亮印刷字体的电脑。”[19] 后来，乔布斯在每台苹果电脑的机箱内都会镌刻工程师的名字，他说：“艺术家需要在他们的作品上留名。”[20]

现在，距离苹果公司创立已经过去了 40 多年，苹果产品依然以自己优雅、简洁和流畅的设计而闻名于世。史蒂夫·乔布斯的传奇并不是一夜之间发生的。随着乔布斯对技术世界的逐渐融入，以及他对未来世界与古老技艺之间关联的敏锐察觉，属于苹果公司的神话才逐渐诞生。乔布斯追随着自己的兴趣，并勇于尝试新鲜事物，而且就像他所说的，他是用勇气、耐心和一点儿运气逐渐连接起自己人生中的每一个关键节点的。乔布斯在设计方面显而易见的天分以及激情，与当时最伟大的科技思想家们所构想的灰色盒子世界发生了意外碰撞，于是整个科技行业的走向被改变了。

乔布斯说：“当然，我还在读大学的时候，在展望未来时还不可能把那些人生的关键节点串联起来，但当我于10年后回首往事时，这一切都豁然开朗了。”[21]

串联起这些人生的关键节点，对一个人来说不仅需要时间和开放性的思维，还需要尝试及面对失败的勇气。但是作为优秀的领导者，在创建一支团队的时候，如果这些关键节点出现得都非常偶然，甚至你在10年后回顾时都看不出什么端倪，那么又该如何串联起它们呢？

我们认为，正如领导力并非是一种既定的头衔，而是一种需要努力才能获得的“特权”一样，领导力也不是一门科学，而是一门艺术。因此，**基于优势的领导力，其领导艺术的一部分就是能够创造条件让宝贵的意外得以发生。**

基于优势的领导者会通过建设多元化的团队来提高这种意外发生的可能性。团队的多元化可以体现在文化、观点、优势、激情以及年纪等各方面，即使这些多元化因素一开始可能并不能相互融合，但它们最终一定可以像拼图的每一块碎片那样被放进自己应在的位置。就像一支职业运动队需要由不同领域的高手构成一样，职场中的工作团队也需要由不同的和互补的技能组合构成。当然，拥有这些技能的人员在一开始可能会被忽视，而且公司领导有时也会犯错，把具有相似优势的人放在一起。举例来说，会计师事务所的一个项目组成员不需要，也不应该个个都是数字奇才，而缺乏为人处事和组织方面能力优异的队友，因为一个优势单一的团队，虽然拥有难以比拟的专业优势，但其短板也极有可能阻碍整个团队的发展。

一个多元化团队的领导者，会采用一种更宽松的工作方式，而不会一上来就将新项目拆分成一个个任务并分摊给每个人。多元化团队的领导者既能着眼于员工之间的技能组合，努力为其配备最合适的工作任务，同时也能创造机会让大家可以有所创新。比如他会询问大家：谁想来解决这个问题？有时不到最后是很难明白为什么某个团队成员当时会接受那个任务。

很多领导者在组织团队的时候，经常会选择那些他们认为能力全面的多面手员工，而基于优势的领导方法是明确反对这种组织方式的。正如《现在，发现你的优势》一书中所指出的："我们在研究中发现，优秀员工很少是能力全面的人，恰恰相反，他们都是优势突出的人。"[22]

THE JOY OF LEADERSHIP

善于利用员工优势的领导者，深谙一个由各方面能力都具备但均不出色的多面手员工和由能力互补、优势突出的多元化个体组建的团队之间的差距。高效领导者会不惜牺牲一切代价来支持手下员工做他们自己擅长的事情。

在英格兰的科茨沃尔德（Cotswolds）地区，约翰·泰勒（John Taylor）在切尔滕纳姆（Cheltenham）和格洛斯特（Gloucester）两地经营森宝利超市，他努力在超市中树立一种文化，即鼓励团队成员将自己的优势运用于店铺的日常运营。约翰·泰勒曾看到一个在超市面包房上夜班的大学生员工，工作起来好像不是很投入，于是约翰就问该员工一切是否顺利。结果这名员工告诉约翰，说自己很郁闷，因为这间超市的废品处理软件要求员工手动输入每件库存商品的预计保质期和新鲜度代码，这种方式既低效又笨拙，还极容易出错。约翰告诉我们："这个小伙子当时 18 岁，正在学习计算机，而且他还有个自己的小事业，给别人制作网站。小伙子说：'我可以用一个周末给你做一个更好的系统，你有兴趣吗？'我说：'当然。'后来这个小伙子做的系统成了我们现在所用的最好的系统之一，同事们用起来都觉得它非常高效简便。"

一个基于优势进行管理的领导，秉承着“授人以渔”的古训，他不会仅仅局限于工作计划中定好的近期目标。这样的领导渴望超越平庸，期待培养出一支充满好奇、具备勇气并拥有个人观点和立场的团队。作为一个领导者，研究并逐渐掌握自身的优势，可以使自己有能力领导团队成员，唤醒并引领团队成员的工作热情。而团队成员也会在自己热爱和擅长的领域花更多的时间，取得更多、更好的成绩，体验到更多的快乐。

Workplcae
Tactics

基于优势的职场领导策略

克利夫顿、班杜拉、利文斯顿等人的研究表明，团队领导者（无论是不是正式任命的）可以通过几种方法，发现并发挥团队成员的各种优势。与我们共事过的人也使用了这几种方法来发掘自身和他人的优势，包括：

- **讲授相关理论**：结合 SHARP 模型，即优势、健康、专注、关系和目标，帮助团队成员发挥优势，从而使其更加幸福、更加高效。达到这一目标的第一步就是，让团队成员清楚认识基于优势的领导力原则及其背后的理论依据。我们发现，在这之后，每天或每周再以视频或者观点分享的方式不断加强员工对这些理论的认知，是非常有用的。这些方式也会让员工因为专注于发展自身优势而变得更加快乐，使他们能够在现有的职场角色里持续成长。

- **不鼓励“弥补缺陷”的思维模式**：在团队工作的任何阶段都应该秉持这一观点。如在招聘时应避免提一些关注缺点的问题；帮助现有团队成员意识到其为自己的短板已经耗费了太多时间。在一对一的会议或者业绩考核中，可以设计一些问题询问团队成员打算如何弥补自己的短板，如“有其他人比你更擅长这些事情吗？”“有什么软件或者其他好的资源能够帮助你尽快弥补缺陷？”鼓励团队成员将时间更多地花在自己擅长且喜欢的事情上。同样，在做学习计划与策划拓展活动时，要确保将重点放在如何使同事们持续发挥自身优势这一点上。

- **寻找最佳领导区**：正如我们之前提及的，建立一支技能与观点互补的多元化团队，能够创造条件让优势自发呈现。同时我们也发现，团队领导者通过运用几个技巧就能更加明确地帮助团队成员发现自身优势。在招聘阶段，简单询问一些关于优势的问题，如“请告诉我，你在什么时候是处于最佳状态的”，就可帮助员工开始留意自身的优势。此外，招聘也是一个很好的时机，可以帮团队领导者发现哪些个人优势将帮助增强团队的集体力量。

不过，最好的方法还是利用一个简短的休息时间，让团队成员通过个人思考或者团队讨论来明确个人优势以及今后应如何充分利用它们；同时也通过优势评估，如 24 种人格力量测试（VIA）或盖洛普优势识别器等手段来直接明确团队成员的激情优势与执行优势各是什么。

- **鼓励“精熟体验”：**我们看到有些工作团队基于小组的最佳领导区绘制了示意图，该图不仅明确了个人优势，还列出了如何更好地利用这些优势的建议。还有一些团队则打造了一个激情共享仪式，每周或者每月一次，在工作允许的情况下，由一个团队成员向其他人展示自己的激情。

作为团队领导，你可以用两种方式创造“精熟体验”的机会：一种是结构性的，比如开展一次基于优势的挑战赛，让团队成员通过参与来发现自己的突出优势；一种是非结构性的，这更像是谷歌的“20% 自由时间”。2004 年在谷歌的招股说明书中，创始人拉里·佩奇和谢尔盖·布林写到，他们鼓励员工每周用一天的时间做些本职工作以外的事情。与此相似，你也可以鼓励团队成员，围绕你们组织所开展的业务，去思考：如何解决其中存在的问题并进行改进？如何利用自身优势来解决这些问题？看看他们能提出什么样的解决方案。

- **创造良性循环：**为你的团队开辟一个新局面并不像听上去那么曲折，识别和发挥自己以及团队成员的领导力是一个领导者的责任。就像罗森塔尔和雅各布森等研究者的研究所指出的那样，有时候识别潜能的唯一方法就是去激发它。如果你告诉团队成员“我知道我们这个团队在 X 计划上没有太多经验，但我非常清楚团队里有几个人将会在这个项目上做得非常好”，那么你也许会惊讶于接下来的结果。你可以通过团队合作来帮助培养新的优势，比如之前提及的最佳领导区示意图里可以涵盖团队成员希望具备的其他优势。就像利文斯顿指出的，使团队成员保持高期望值和高责任感是很重要的，尤其是要让他们意识到发挥自身优势的责任。

- **将对优势的关注作为标准化的操作流程：** 对优势的关注不仅仅是针对个人和团队的工作表现，还要将其作为整个组织文化的一部分。基于优势的方法，其终极目标是培育更快乐和更高效的领导者，这些领导者会带着激情去努力实现团队目标。在为项目寻找资源、分配销售渠道或提供其他服务时，要谨慎地将同事的优势与客户优势相匹配。确保业绩考核是基于优势的，并且对同事与团队运用优势所获得的成绩给予正式或者非正式的奖励。当有人退出团队时，要与他们在离职面谈中沟通其在任职期间的工作情况，以及有潜力做出改进的地方。

THE
JOY OF LEADERSHIP

04

比消除压力更有效的是安排精力

高质量的工作表现与状态恢复的关键不是如何安排时间，而是如何安排精力。

——吉姆·洛尔（Jim Loehr），托尼·施瓦茨（Tony Schwartz）

大部分人如果能用一生取得多纳尔·斯凯恩（Donal Skehan）在30岁前就取得的成就，估计梦里都会笑出声来。多年前，多纳尔还是一个年轻的主唱，他和他的乐队录制的单曲在爱尔兰非常流行，但多纳尔之后却利用其明星身份改行做起了自己始终热爱的事业：烹饪。2007年，多纳尔以“好心情食物”为名，开始写起了博客，同时他也在美食节目里担任嘉宾，在生活中做烹饪直播。2011年，多纳尔正式开始了自己每周一次的视频秀：《厨房英雄》（*Kitchen Hero*）。

到2015年，多纳尔已经出版了5本书，在社交媒体上拥有超过50万粉丝，并且他还开始为英国美食频道（Food Network UK）制作一档新节目《新晋厨神》（*Follow Donal*）。在这档系列节目中，多纳尔首先去越南探索当地的文化与美食。

一切都顺风顺水，直到来到越南。

“我本来正做着梦寐以求的电视节目主持工作，”多纳尔说，“我还打算去后面几季中所有好玩的地方，做那些有趣好玩的事情。至今我们已经取得了不错的成绩，但我突然发现自己被彻底耗空了。我们每时每刻都在工作，我已经连续6个月没有在周末喘口气了。太疯狂了，我清楚有些事必须要放弃了。”

如果你在电视或者网络上见过多纳尔，那么你一定知道他是一个天生的电视人：和蔼可亲、精力充沛、风趣幽默。但是，多纳尔此刻却陷入了一个绝境，他疲惫不堪、身体虚弱，还因为感染被送进了越南当地的医院。多纳尔说：“这是因为缺乏睡眠和休息所导致的，我的免疫系统已经因为拼命工作被破坏得很厉害了。我必须服用两个疗程的抗生素，花三个星期才能康复，而对于类似这样的疾病，我本应恢复得很迅速才对。”

多纳尔和他的制作团队有充足的时间在越南完成他们的工作，所以时间不是问题，也正是在越南，他们发现了一个令人震惊的事实：多纳尔看上去用不完的精力，原来也是有限的。

管理精力，而非时间

吉姆·洛尔和托尼·施瓦茨在畅销书《精力管理》中，提出了一个具有挑衅意味的论点：许多激励大师和管理大师吹捧的时间管理概念，其实都是过时且无效的。**获得出色表现的关键是管理精力，而非管理时间。**

这是有道理的。时间是有限的，并不能被随心所欲地安排，一天永远都是24个小时，一周也只有7天。

多纳尔从自己在越南的经历中发现，精力原来也是有限的。但在“10 倍领导力”计划的帮助下，多纳尔认识到，精力其实也是可以被有效管理的。一个“10 倍领导者”可以通过调节两个决定能否成为“10 倍领导者”的因素来提升积极能量，这两个因素就是“消耗”与“恢复”。

多纳尔的例子似乎证明了人们关于压力的传统看法，即压力是健康的敌人，同时也是导致衰弱和疲惫的原因。我们并不是故意对这个看法视而不见，美国心理学会和创新领导力中心（Center for Creative Leadership, CCL）的研究表明，大部分美国人，无论是员工还是公司领导，都认为工作是生活最主要的压力来源。

过大的压力会导致事故、失误、旷工以及离职频繁出现。据美国压力研究所（American Institute of Stress, AIS）估算，美国企业每年因压力造成的工作损失超过 3 000 亿美元[1]；英国健康与安全执行局（Health and Safety Executive, HSE）宣称，英国 2015 到 2016 年 45% 的病假原因都是压力太大[2]。多项研究表明，压力是导致慢性病，如心脏和肝病的主要因素。

从经济角度考量，疲倦也颇为费钱。发表在《职业与环境医学杂志》上的一项研究指出，大约有 38% 的美国员工在工作中有过疲倦的时刻，疲倦会使员工的工作效率降低，给其雇主每年带来超过 1 360 亿美元的损失。[3]

没错，压力和疲倦对于员工和组织来说都是大问题。但是对于这些问题是如何导致严重后果的，我们有更细致的解释：当压力长期存在且无法缓解的时候，会使人感觉疲倦，产生一系列健康问题并给所在企业带来经济损失，可是在其他情况下，压力可能正好是一个人所需要的。

你可能注意到这个观点与我们第 2 章的“误区二”，即“想健康就要压力全消”恰好是矛盾的。我们正是基于越来越多的研究成果与数据，得出了这样的结论。现在，已经有越来越多的证据在不断支持汉斯·塞利所提出的积极压力概念：事实上，短暂的压力爆发能够让你更加强壮、更有能力、更具适应性。

举例来说，2013 年，由斯坦福大学和加州大学伯克利分校的科学家带领的研究团队发现，实验室大鼠在受到急性压力的冲击时，其大脑干细胞会增殖为新的神经细胞，并且这些新细胞在成熟以后，还会改善大鼠的心智表现。这项研究的一位参与者、加州大学伯克利分校的丹妮拉·考费尔博士（Dr. Daniela Kaufer）在一次采访中说道：“人们总认为压力是一个坏东西，其实它不是。**一定程度的压力有助于使你保持最佳的警觉性，获得最佳的行为表现以及认知表现。**”[4]

尽管有很多研究都详细说明了持续数周或数月的压力会削弱免疫系统，但由菲尔道斯·达巴哈（Firdaus Dhabhar）领导的斯坦福大学研究团队，在 2012 年也证明，将实验室大鼠暴露于轻微压力下，会促使数种类型的免疫细胞大量进入血液，这会增强而不是削弱大鼠身体的免疫反应。[5]

思维模式指的是人们认知信息、组织信息以及解读信息的方式。斯坦福大学心理学家阿利娅·克鲁姆（Alia J. Crum）认为，人们的思维模式可以改变他们所处的客观现实。克鲁姆的研究领域之一就是压力，她与合作者在发表于 2013 年的《对压力的再思考》（*Rethinking Stress*）一文中写道：“我们怀疑正是‘压力具有破坏性’这一思维模式导致了人们在压力下做出负面行为。我们的研究表明，转换一个人的思维模式也许就可以改变这个人对压力的反应。”[6]

洛尔和施瓦茨在十多年前进行的一项研究亦印证了上述观点。他们先是研究了几个非常成功的运动员，继而又将研究推广到更广泛的群体中。洛尔和施瓦茨在研究报告中写道："在体育实验室里，我们发现出色成绩的真正敌人并不是压力，恰恰相反，压力其实正是成绩提高的刺激源。导致表现不佳的真正元凶其实是训练中休息时间的缺乏。得不到舒缓的慢性压力会慢慢地侵蚀身体储存的所有精力，最终导致运动员能量枯竭并崩溃，影响其正常发挥。"[7]

在"精力创造区"平衡损耗与恢复

"急性应激压力也有益"的观点，大概会让习惯于认为压力有害的人困惑不已。但若理解了急性压力和慢性压力所引发后果的差异，人们也许就会稍微明白一些。

如果想要获得幸福、健康和高效，就不应该过分关注如何解决压力，而应该多关注自己究竟能分配给生活与工作多少精力。

当谈到精力的损耗与恢复时，我们可以用在健身房锻炼来简单类比：给你的心脏、肌肉、肺部一定压力，让它们得到充分锻炼，从而变得更强壮。但如果你锻炼的强度过大，或者时间过长，让身体得不到足够的休息，那么你就会疲惫不堪甚至受伤。所以，问题并不在于压力本身，而是你没有掌握从压力中恢复的有效措施。

20 世纪 60 年代，德里克 · 克莱顿（Derek Clayton）是当时世界上顶级的长跑选手之一，但他很难让澳大利亚国家长跑队在 5 000 到 10 000 米的长跑比赛中获得优异成绩。于是克莱顿计划通过跑马拉松来提高自己的长跑成绩，而当他发现，通过训练，自己的马拉松成绩已经能跃居一流水平时，克莱顿决定参加马拉松比赛。

克莱顿以训练刻苦闻名，他比其他任何长跑选手都努力。克莱顿每周会跑225到274公里，有时甚至超过320公里，每公里用时都在6分钟以内。克莱顿是一个优秀的马拉松选手，但并不是最好的，他的个人最好成绩与世界纪录还有不到6分钟的差距。澳大利亚教练认为这要归咎于克莱顿的身高，他身高1.83米，这身高对于一个跑步选手来说太高了，克莱顿看起来也确实要比他的对手们个头大很多。

因为高强度的训练，克莱顿经常受伤。1967年，在日本福冈马拉松比赛的赛前训练中，克莱顿就受了伤，无法完成那一整个月的跑步计划。等到克莱顿伤养好准备再次训练时，距离比赛只剩下一周时间，于是克莱顿决定放弃这一周的高强度训练，轻松以待，把福冈马拉松比赛当作他下一次比赛的训练跑。

结果，让所有人包括克莱顿自己都大为吃惊的是，在福冈马拉松比赛中，克莱顿的成绩打破了当时2小时12分的世界纪录，克莱顿成了世界上第一个跑进2小时10分钟的马拉松选手。

两年以后，也就是1969年，同样的情况又发生了。克莱顿在安特卫普马拉松比赛前的训练中又受了伤，恢复期间他始终保持轻量级训练。也如两年前一样，他决定把即将到来的比赛当作训练跑。于是，克莱顿又一次打破了自己保持了两年的世界纪录，将成绩提高了一分多钟，这一新纪录此后持续了整整12年。

有趣的是，克莱顿看上去似乎并没有从这两次比赛中吸取到什么教训，他依然安排着同样的训练计划，还是经常受伤，甚至常常严重到需要动手术。在克莱顿的整个职业生涯里，他的跟腱动过4次手术，膝盖动过2次，脚后跟动过1次。32岁时，仍然年轻的克莱顿不得不退役。“很不幸，我没有多留意自己的伤病，反而还不断地挑战它们，”克莱顿在自己的回忆录《奔向巅峰》（*Running to the Top*）一书中写道，“现在的我，对每次受伤都会非常重视。我会休息，让身体慢慢恢复，而且如果有必要，在伤病彻底康复前我会停止跑步。在我过去的职业生涯里，若我能早意识到这点，也许我能少躺几次手术台。”[8]

可是，即使克莱顿已经意识到了高强度的训练是导致自己受伤的重要原因，他似乎也并不明白自己的世界纪录究竟是怎么诞生的。更多的训练并不总会转化成更快的速度。其实，克莱顿之所以能打破世界纪录，原因正是他的身体在高强度的反复训练之后得到了休息，这使克莱顿得以变得更强壮、更有耐力。

幸运的是，这一点后来被长跑界的很多人都发现了，其中就包括安格斯的跑步教练。安格斯在每周的繁杂公事之后，都会在这位教练的帮助下，通过跑步缓解压力。安格斯每周跑几次，每次差不多跑 10 000 米，这个习惯已经持续了好几年。跑步曾经让安格斯感觉良好、活力充沛，但后来安格斯却慢慢开始感觉有点疲惫了。

教练建议安格斯调整跑步速度，其间将走路、慢跑和冲刺交替进行。安格斯发现，这种改变不仅让他感觉更加轻松，而且他完成 10 000 米的时间也比以前更短了，跑完之后安格斯也会觉得能量满满，不再感到精疲力竭。这其实只是因为他学会了在跑步中交替进入恢复阶段（步行或慢跑）与压力阶段（冲刺）。

我们从上述故事学到的这一经验，不仅适用于职场，同时也适用于日常生活。很多人会谈论工作与生活的平衡问题，对他们来说，似乎压力的主要来源就是工作，而生活则是用来缓解压力的途径。但其实对于大部分人来说，**工作和生活既能同时成为压力的源泉，又能同时成为恢复精力的工具**。

洛尔和施瓦茨以及其他学者的研究表明，那些健康又活力充沛的成功人士，无论是在工作还是在生活中，总是会在高效紧张的阶段之后安排一个放松环节。他们会在这一“精力创造区”（Energy Creation Zone）中平衡精力的损耗与恢复，继而创造出更多的能量，而不是仅仅只是试图去控制自己的时间。这种方式既适用于生活也适用于工作。

埃迪·格林布拉特（Edy Greenblatt）在自己的重要著作《自我恢复》（*Restore Yourself*）中指出，大部分人将工作与生活看作两个需要平衡的对立面，而事实上她认为，我们应该意识到精力的损耗与恢复其实是连续的。从这个角度来说，一项活动，无论是在生活里还是在工作中，都既可以造成精力的流失，又可以带来精力的恢复。

若想过一种健康又快乐的人生，那就需要在精力的损耗与恢复之间找到正确的平衡点，这和寻找工作与生活的平衡一样重要。

我们总是会遇到临近截止期限的压力或者因加班而感到筋疲力尽，但如果我们转换一下思维方式，将重点放在恢复精力上，那么量变终会引起质变，我们将获得更多的幸福与成功。

“10倍领导者”不仅会利用他们自身的优势与激情，同时他们也能量满满，非常具有活力。这并不是因为他们体内有一个能量发动机，而是因为“10倍领导者”拥有专注和自律，他们能够运用一些自我意识管理自己的身体、心理和精力。

学习“蓝色地带”的健康秘诀

《国家地理杂志》创建于1888年，迄今已经出版超过1 400期杂志，其中2005年11月出版的一期是该杂志目前所有期刊销量排行榜的第三名。那期的封面故事由作家、探险家丹·比特纳（Dan Buettner）执笔。比特纳去了世界上很多国家，专程拜访了一些百岁以上老寿星聚集的地区，收集资料，在那期《国家地理杂志》上发表了《长寿的秘诀》一文。2008年，在一些世界顶尖的老龄化研究专家的共同协助下，丹·比特纳出版了自己的著作《蓝色地带：向最长寿的老人学长寿》。

在著作中，丹·比特纳介绍了4个地区，尽管事实上他发现的“蓝色地带”并不止这4个。在丹·比特纳介绍的这4个地区中，人们的寿命更长，也更容易充实而快乐地生活。举例来说，日本冲绳岛的居民中，百岁老人的数量是美国的3倍，而患心脏病的可能性更是比美国低5倍；意大利的撒丁岛是世界上有据可查的百岁以上老人占当地人口比例最高的地方，当地2 500人中就有7名是百岁老人，这一数据是美国的14倍；哥斯达黎加的尼科亚半岛，虽是世界上并不以长寿著称的地区，但那里一个60岁的老人活到90岁的可能性却是发达国家中他们同龄人的2倍。

第四个“蓝色地带”令很多人都大跌眼镜，因为竟然是美国加利福尼亚州圣贝纳迪诺郡的洛马琳达市，那里的人比美国其他地区的人要长寿8到10岁。尽管和洛杉矶的人们一样面临着环境危害，但洛马琳达的居民中癌症和其他慢性疾病的发病率却很低。

为什么这些“蓝色地带”的人们能够更长寿、更健康？

这几个地区最显而易见的共同之处，就是它们的面积都相对较小，且居民都秉承着传统的生活方式。洛马琳达居住着大量基督复临派的教徒，这个教派有着一套独特的文化习俗，教徒们通常是在教派内部通婚，这就很容易让人认为，他们长寿的秘诀是基因遗传。但科学家们通过对那些移居其他区域的“蓝色地带”后代的研究发现，基因对于人寿命的长短只起25%的决定作用，剩下的75%则取决于人们的生活方式，如选择生活在哪里以及如何生活。

比特纳的团队在研究“蓝色地带”的居民以后，还发现他们拥有更多的共同点：

- 健康饮食。这一点不会有人质疑。众所周知，健康的饮食有益于身体健康与长寿。在“蓝色地带”，人们往往会吃更多的新鲜水果和蔬菜，很少吃肉（基督复临派是严格的素食主义者，从不抽烟、不喝酒），并习惯吃各种坚果以及全麦谷类。和撒丁岛的居民一样，希腊伊卡利亚岛的居民的饮食结构同样是对健康有益的地中海式饮食，包括丰富的橄榄油、全麦谷类制品、水果以及少量新鲜的鱼。伊卡利亚岛的居民也喜欢喝野山羊奶以及富含抗氧化剂的葡萄酒。他们患心血管疾病的概率只有美国人的一半，甚至他们中的很多人对老年痴呆症几乎闻所未闻。此外，伊卡利亚岛的居民也没有非常极端的信仰，大部分人都吃红肉或鱼，但从不会过量，而且他们还会避免，或者更准确地说，根本不会去碰那些精加工食品。在冲绳岛，当地居民吃到八成饱的时候就会提醒自己停下来，这样有助于避免自己吃得过多。研究证明，暴饮暴食，尤其是毫无节制地吃那些加工食品，容易使人丧失精力、感到疲惫。

- 进行有规律的体育锻炼。“蓝色地带”的居民们几乎毫无例外都经常进行体育锻炼。洛玛琳达市基督复临派的教徒，将身体看作一座庙宇，他们会定期锻炼身体，锻炼场所通常是向社区开放的洛马琳达大学的校园健身中心。蓝色地带中更多的是乡村地区，村民们每天走路去上班，或者溜达着去走亲访友，他们还经常做些园艺工作，或者其他一些类似的需要消耗体力的活动。

- 懂得休息。“蓝色地带”人们的睡眠时间是 8 到 10 个小时，专家称这是恢复我们大脑与身体精力的最佳时间。在伊卡利亚岛和尼科亚半岛的乡村里，人们在一天中会抽出时间打个盹儿，或者和朋友去放松一下。[9]

我们都经历过这样的时刻：任务截止期限临近、忽然出现意外情况、临时被提出额外的要求、要通宵加班……这些情况时不时地就会出现，有些时候，解决问题的唯一办法就是一直工作，直到问题解决。

然而，如果这些情况总是发生，那么很可能表明，你的时间与精力正在被浪费。时间和精力都是有限资源。研究者德鲁·道森（Drew Dawson）和凯瑟琳·里德（Kathryn Reid）在 20 年前就确认，员工中那些中度疲劳的人与那些达到法定醉酒标准的人相比，身体的受损害程度是相同的，甚至有时还更严重。[10]

哈佛大学医学院教授查尔斯·切斯勒（Charles Czeisler）曾表示，与 50 年前抵制香烟时提出的理由一样，如今也有明确的证据表明，睡眠剥夺会给人体带来危害。睡眠剥夺会增加人患心脏病、高血压、糖尿病、代谢综合征[11]、精神疾病[12]及某些癌症[13]的风险，它还会直接影响人的身心健康[14]。2014 年，一项发表在《神经科学杂志》上的研究发现，在老鼠身上的实验显示，长期睡眠不足与大脑永久性受损有关联[15]。

切斯勒将睡眠描述为健康的第三个支柱，其他两个是锻炼和健康饮食。这三个支柱对“蓝色地带”的人们来说是能量的补给站，也是长寿的原因，而大量证据表明，这三个支柱在职场中也会给人带来至关重要的影响。2012年，一项由杨百翰大学健康科学教授雷·梅里尔（Ray Merrill）领导的研究发现，有着不健康行为习惯的员工，特别是饮食习惯糟糕的员工，工作效率往往很低。在过去10年中，美国和世界其他地方的研究结论也都证实了这一点。

对于多纳尔·斯凯恩来说，忙碌使他失去了工作曾经带给他的一切乐趣，而这正是最令他烦扰的事情之一。在屏幕上，多纳尔会充满热情地为观众奉上一盘又一盘美味佳肴，但是作为厨师，多纳尔说："我真的没吃上什么好东西，这很荒谬，因为赶时间，我们吃的都是加油站的三明治，以及一些你们应该碰都不想碰的东西。"

梅里尔的研究同时也发现，在那些每天都不锻炼的员工中，有高达96%的人工作效率会越来越低。[16]这个数字虽然高得令人瞠目，但鉴于我们了解到的锻炼与身心健康之间的关系，我们认为这个数字还是合理的。哈佛大学精神病专家约翰·瑞迪（John Ratey）在他的《运动改造大脑》①一书中，详细介绍了身体锻炼是如何构建大脑的"细胞机器"的。有关大脑的研究，不管是脑成像方面的研究还是认知研究，都反复表明，运动能直接给大脑带来好处。瑞迪将锻炼称为"大脑的肥料"，"首先，它会优化你的思维模式，提高你的警觉性、注意力，让你更加积极；其次，它能促进神经细胞之间建立连接，而这正是记录新信息的生理基础；最后，它还能够刺激海马体神经干细胞的再生"。[17]

同样，睡眠研究也可以追溯到伟大的、有着打盹习惯的温斯顿·丘吉尔。"不要相信白天睡觉会耽误干活儿，"丘吉尔曾经说，"这是那些没有想象力的

---

① 约翰·瑞迪通过大量确凿的证据和突破性的研究，揭示了运动与大脑的联系。该书已由湛庐文化策划、浙江人民出版社出版。——编者注

人才会持有的愚蠢论调。白天睡觉只会使你获益更多，让你可以在一天里干两天的活儿，嗯，至少一天半的活儿，我敢打包票。战争开始时，我白天必须打盹儿，因为这是助我履行自己应尽责任的唯一方式。”[18]

研究者们后来也确认，打个盹儿，哪怕只有15到20分钟，也能够让我们重新恢复活力，改善现有状态，激发认知能力。就像是在一天过了一半之后，又开始了新的一天。

比特纳的“蓝色地带”研究，就其研究成果来说，并不是特别引人注意。吃得好、勤锻炼、多休息，这些对人类有益的行为，并不是什么惊天动地的大秘密。比特纳的研究真正让人大开眼界的地方在于，**饮食、锻炼和睡眠方面的一些改变，即使很小，也都会对个人和组织带来巨大的影响**。要从这些研究中获益，你无须彻底颠覆现有的生活，就像比特纳在其书中指出的：“你不用全部照搬，只需明白，无论你选择做什么，都有机会将寿命增加几个月或几年。”[19]就像“蓝色地带”的人一样，你也可以让你自己更长寿、更健康。

SHARPening Moment

健康

- 明确使你精力耗损的最主要原因，是不健康的饮食、工作得太晚、不吃午饭，还是没完没了地开会、疲于奔命地赴约？同时，也要明确自己精力的恢复方式是什么。除了放长假，在既往经历中还有什么事情可以让你重新恢复活力充沛、干劲十足的状态？
- 明确可以让自己处于“精力创造区”的策略，尽量减少工作和生活中能量损耗带来的不良影响，并在你每周的日常安排中纳入一些可以助你恢复精力的活动。
- 如我们所谈到的，损耗与恢复，不仅仅指体能，还有心理和情感能量，这一点要谨记。当你为自己开创事业新天地的时候，务必要确保自己从身体、心理及社会和家庭关系等各方面考虑周全。如果你孤立地看待自己精力损耗的原因，那么即使把全世界所有的体育运动都做个遍也无法解决问题。就像社会心理学家芭芭拉·弗雷德里克森（Barbara Fredrickson）① 所指出的，最有效的快乐与情感能量的恢复方式往往来自和其他人的互动。

利用积极情绪恢复精力

弗雷德里克森的主要研究内容是积极情绪的价值，她说："通过体验积极情绪，人们能够改变自己，使自己变得更有创造力、更有见识、更具适应性、更能融入社会并且拥有更健康的身体。"[20] 其他的研究者，包括加州大学洛杉矶分校的内科医师史蒂夫·科尔（Steve Cole），也明确了幸福与健康之间的关联：当人们幸福的时候，人们的免疫系统会变得更强大；当人们难过或者抑郁的时候，免疫系统相应地也会更加脆弱。幸福的人能够活得更长，活得更好。

是否有着昂扬的积极情绪，是人们能否将更多的精力投入工作的重要决定因素。那么，如何才能将你积极情绪的能量最大化？什么会耗损你积极情绪的能量？采取什么样的行动能让你恢复精力，并与"蓝色地带"的居民一样蓬勃发展呢？

比特纳的团队发现，"蓝色地带"居民所具有的一些共性，与人类的生物性机能并没有直接关系。比如，长寿的居民往往有很强的社会支持，来帮助其保持高昂的情绪与精神状态。他们一般会从属于一个有组织的宗教集会，

① 积极情绪最杰出的研究者，被积极心理学之父马丁·塞利格曼称为"积极心理学领域的天才"。其著作《积极情绪的力量》已由湛庐文化策划、中国人民大学出版社出版。——编者注

或者围绕一个强大的核心家庭生活，和亲密友人保持紧密联系，同时他们对自己的人生和工作也有着强烈的使命感。

这些共性带来的情感获益是难以尽述的，而那些因为缺乏这些共性而导致的不幸福也能随处可见。很显然，像我们从“蓝色地带”及其他研究中所了解到的一样，**在我们的生活中，人际关系是积极情绪的一个重要来源**。当和那些让自己感到快乐而不是让自己感到低落的人在一起，共同享受健康的人际关系而非糟糕的人际关系时，人们积极情绪的能量或许能达到峰值。

让我们精力消耗和恢复的看上去经常都是一些小事情，但这些小事情累积起来，便会真正影响到我们的生活。消耗泰勒精力的小事件之一就是迟到，或者说正是迟到让泰勒更容易变得焦虑不安。泰勒缓解焦虑的方式，并不是努力高效地管理时间，将所有事情安排得井井有条，确保自己在约定时间前的最后一分钟到达，而是以早早抵达约定地点的方式来降低焦虑带给自己的负面影响。泰勒只要保证自己在早到的那些空闲时间里有事可做，毕竟他是A 型人格，不可能干坐着，所以泰勒通常会随身带本书来读。这个小小的调整让泰勒的幸福指数有了很大的变化。

当然，消除不愉快的情绪是不可能的，而且，某些情况下人们也是需要这类情绪的。正如柳博米尔斯基和她的同事所指出的：“在某些境况下，积极的情感反应并不会带来好的成效。”不愉快的情绪虽然是不可避免的，但如果我们能够将它们倾诉给可信赖的人，比如心理治疗师、家庭成员或同事，便可以减少这类情绪对我们能量的消耗。[21]

社会心理学家詹姆斯 · 佩尼贝克（James Pennebaker）和劳拉 · 金（Laura King）的研究指出，那些把不良情绪倾诉给他人却觉得并没有太大帮助的人，可以通过写日记的方式在一定程度上缓解自己的焦虑。

反过来说，如果想增强积极情绪并恢复精力，最佳方式之一也可以是书写自己的积极体验。心理学家哈达萨·利特曼－奥瓦迪亚（Hadassah Littman-Ovadia）和迪纳·尼尔（Dina Nir）在一项研究中就使用了这样的方法。他们要求参与研究的对象每天晚上都要写下三件自己第二天非常期待的事情。研究发现，那些较少书写消极情绪的人，会感受到更多的正能量，体验到更少的负面情绪。

向别人表示感激也是一种特别的能量恢复方式。一封感谢信，或者一句感谢的话，都大大有助于获取幸福、培养工作或生活中的人际关系。

埃蒙斯（Emmons）和麦卡洛（McCullough）的研究表明，每晚临睡前，将那些感恩的事情写下来，将会提升我们的幸福感，使我们变得更乐观，同时也会有更好的工作表现，身体也会更健康。这种感恩态度也是使人在职场中获取成功的一项重要因素。在职场中，我们已经习惯于按时查阅待办事项清单，但是哈佛大学商学院教授特雷莎·阿马比尔（Teresa Amabile）指出，员工如果能够不断提醒自己当天工作取得的进展，不管是做完了一份报告，还是打通了一位潜在客户的电话，都会使自己变得更快乐、更高效、更具创造性。我们中有多少人会在一天工作结束的时候，坐下来欣赏一下自己这一天的成绩，或者这一周的工作业绩？欣赏自己的工作进展不仅能提高我们对自己的满意度，还能使我们在工作中表现得更好。

团队管理：创造真实的积极环境，提升团队恢复力

在与世界上各种组织打交道的过程中，我们注意到这样一个原则：**愉快或者不愉快的情绪对一个人的情感能量来说，既有可能是补充也有可能是损耗**。这个原则在团队中同样适用。与我们共事过的每个组织或者团队都有一

个独特的情感基调，尽管在有限的时间里决定如何设定基调并不容易，但设定基调的责任最终往往还是会落在团队领导者身上。

弗雷德里克森和其他研究人员也给我们提供了相应的理论依据，证明了积极情绪的作用。

THE JOY OF LEADERSHIP

感受到积极情绪的人会有更强的工作动机，更有创造性，工作也更努力。他们是更好的学习者，对当今世界的变化速度更具适应性。此外，这些人也会更健康，更不容易频繁失业，他们和同事之间也会有更强的凝聚力，对所在组织整体上来说也更加忠诚。

因此，我们该如何设定团队基调，从而获得上述效果呢？很不幸，我们看到的大多数例子都没有这样做。数年前，安格斯曾和一家大型通信公司合作过，这家大型企业刚刚收购了另一家公司，后者正在筹备推出一条新的服务线，其业务主管及团队成员已经为此努力了很多年，对他们来说这是一件大事，他们的仓库里堆满了用来宣传新服务线的海报、标语以及视频屏幕。

负责收购的那家大型企业的首席执行官决定在新服务线发布日当天莅临参观，就在被收购方的业务主管刚刚结束介绍时，这位首席执行官就站了起来，以一种极不友善的态度对着黑压压的人群说："你们不能用这么大规模的阵仗来发布东西，我不在乎你们宣布了些什么，我要削减你们的开支。"他又指了指那些宣传用的海报、三角旗以及大展示屏说："这个、那个还有那些你们都不能用。"然后，这位首席执行官掏出了一枚小硬币扔在地板上，他指着那枚小硬币说："这个发布会只能用这个规模。"

对于安格斯来说，亲眼见证一场彻底失败的领导行为，这在其职业生涯里是很罕见的：首席执行官公然侮辱业务经理，并在不到一分钟的时间里，让在场 400 多位兴高采烈的来宾瞬间变得尴尬恼火。不出所料，这次并购非常不顺利。

20 世纪 90 年代，意大利研究人员发现，猴子自己抓住一个物体，和看到另一只猴子抓住同一物体，猴子的前额叶和顶叶皮层中的单个神经元都能放电。这看上去是一个很简单的发现，但是另一位神经学家拉马钱德兰（V. S. Ramachandran）却将这些神经元称为镜像神经元，认为这是塑造文明的工具。[22]

后来的研究证明，人类同样也有镜像神经元，而且它们不仅存在于大脑的运动皮层，还能反映人与人互动时的情绪与感受。[23] 镜像神经元有助于解释“情绪感染”这一现象：愉快与不愉快的情绪往往会像病毒一样在团队成员之间传播。**我们会无意识地和他人的行为与情绪产生共鸣，也就是说，我们不必琢磨其他人在做什么或者在想什么，我们就是知道。**

对于领导者来说，这是一个非常重要的知识点，因为追随者通常会比其他团队成员更能反映领导者的情绪与行为。然而，在团队成员中培养你想要的积极反应，也会面临一个棘手的问题：你希望团队成员的反应最好都是对公司的真实感受，而不是虚假的积极。

THE JOY OF LEADERSHIP

其实，培养积极反应并不意味着要逃避现实、盲目服从或者忽视问题，而是说你和团队成员要对当下面临的困境有着共同的理解，并愿意在这种条件下共同面对、共同努力，去追求一个良好的结果。

就像托尼·施瓦茨所说的："如果你能够更多地关注让自己感觉良好的事情，那么你就越有能力去处理那些原本让你感觉不好的事情，这听起来似乎很矛盾，但确实如此。"[24] 当你这么做的时候，你的部门或你所在的整个组织都会受到积极的影响（见图 4-1）。

图 4-1 SHARP 模型之健康（Health）

对多纳尔·斯凯恩来说，这却是一个得来不易的教训。尽管多纳尔在自己的职业生涯里做着他喜欢的事，但最终结果却还是令他焦虑不安、疲惫不堪，被病痛缠身。

从越南当地的医院出院后，多纳尔通过"10 倍领导力"计划，花了很多时间去回顾工作中那些曾带给他快乐的事情。作为一个电视明星，多纳尔经常挂着一副既帅气又高冷的上镜脸，但实际上，他是一个商人，是一个跟着他走遍世界的制作团队的领导者。多纳尔意识到，大家已经跟着他一起陷入了对一个又一个工作无休止的追逐之中，而这些工作早已榨干了所有人最初的快乐。

"当然，我从'领导力计划'里学到的内容之一，就是庆祝成功的重要性，"多纳尔说，"因为所有的事情都是一件接着一件。当我们成功地在英国25个场馆举办完全国巡回演出后，又要马不停蹄地去完成下一个任务，每次我们总是说'这太精彩了，我们做到了，那么接下来要做什么'，我们从没有说过'来，休息一下，我们圆满完成了25天的工作，而且观众都那么捧场，庆祝一下吧，太了不起了'，所以，我们团队的士气根本没有机会得到提升，一直都在被透支。"

洛尔和施瓦茨用长跑选手与短跑选手的比喻来阐述其关于精力管理的观点，前者"神情憔悴、面色蜡黄、双眼凹陷、无精打采"，而后者却是"强大又充满活力的，渴望自己能突破极限"。他们认为"一刻不停地奔赴下一个工作"，就像是"神情憔悴、面色蜡黄、无精打采的长跑选手"。

但我们都认为这个比喻有点儿欠妥，安格斯就是一个优秀的长跑者，但我们一致认为他一点儿也不"无精打采"。不过，我们还是同意洛尔和施瓦茨所说的短跑运动员在职场上所具备的优势："无论他们的需求多么强烈，赛道前方100米或200米处的终点线总是清晰可见。所以我们也必须学会把自己的生活当成一系列的短跑比赛，在每个阶段都全力以赴，然后充分地放松和休整，接着后退一步再回到起跑线。无论前面有什么样的挑战在等着我们，此刻我们都能抖擞精神，重新出发。"[25]

从以上研究我们认识到，随着工作强度不断增加，人们如果能够做到劳逸结合，合理照顾自己的身体、思想和灵魂，那么就更有可能在一起愉快地工作。通过反思自己的态度，人们从内部汲取积极能量，同时也通过这种方式帮助周围同事调整自己的态度，为整个团队制造积极的情绪氛围。

“10倍领导者”也明白时间是有限的资源，也正是因为它有限，所以它会催着你赶进度。“10倍领导者”会通过为员工提供有助其身心蓬勃发展的激励与补给，使团队能够在有限时间里充分发挥其潜能。

Workplcae
Tactics

创造和恢复积极能量的职场领导策略

讲授理论和建立认识：在公司中确立一个健康的、能够生成能量的文化，越早越好。招聘面试时就可以询问应聘者："什么东西能够给你带来能量？什么东西会使你损耗能量？"也可以在团队或者公司迎新活动上向新同事们强调健康行为的重要性，如介绍保持健康饮食、良好睡眠、规律锻炼以及进行思维训练的方法。

要不断强调保持健康以及进行精力恢复的重要性。先要了解自己什么时候充满活力，什么时候感到疲倦。对于团队成员来说，可以举出两三个在工作或家庭生活中让自己感到精力充沛的例子以及这背后的原因，并互相交流，以保证一个团队能够具有更好的工作节奏与工作方式，不断提升团队成员的精力。为了使积极的能量和健康的行为保持下去，团队领导也可以在每周例会上以一对一或者小组讨论的形式回顾团队所取得的业绩。

对健康与幸福感的关注也应该纳入各项规划与评估之中。团队领导可以通过观察团队成员的情绪和心理需求，来了解员工精力损耗与恢复的情况，进而据此完善绩效合同和绩效测量，制定出满足员工需求的方法。在对员工的业绩表现进行总结或奖励时，团队领导者应该将优异的工作表现与可持续性的工作表现予以区分，不仅要探讨员工所取得的成绩，还要讨论这些成绩是如何取得的，更要重点关注那些能够使员工持续稳定表现的健康行为。

减少损耗：一个团队应该认识到，在疲劳状态下过度工作通常是毫无成效的。减少精力损耗应该被编入公司员工指导手册，成为企业文化的一部分，比如员工应该在下午 5 点下班，周末避免工作（包括查看电子邮件）等；此外，还可以专门安排一天，如每隔一周的星期五让员工在家工作。组织中的领导者们要以身作则，在工作与休息之间确定清晰的界限。

要摒弃那种认为休息就是偷懒的观点，工作日也应该安排规律的放松活动。不一定非得是在正式的休息时间，午餐、散步聊天、跑步、简短的冥想或轻松的嘉宾演讲，这些都可以成为供员工恢复精力的备选方案。团队领导在制订工作计划和工作项目时，应确保每位同事白天能有短暂的休憩时间，周末可以远离工作，并且每年都能够休年假。

- **鼓励创造和保持精力：**对团队成员进行健康饮食教育非常重要，无论是在家里还是在工作场所，都要落实健康饮食的相关准则。食堂、休息室和自动售货机以及会议期间都应该为员工提供健康食品。

忙碌的人们经常会陷入一种自我攻击的怪圈，即明明知道体育锻炼能够帮助自己在工作中恢复精力，但又经常会把忙于工作作为逃避锻炼的最大借口。所以，如果有可能，也应该在工作时间进行锻炼。比如，除了定期去健身房，开会时也可以试着让大家一起站站甚至来回走走，而不是一直枯燥地围坐在会议桌边；正在出差的团队成员应该被允许安排时间进行锻炼和充电；鼓励员工无论是独自一人还是正身处团队，都要定期制订和调整锻炼计划，以达到各自的健康目标。

- **培养情绪能量和社会支持：**工作特别勤奋的团队成员，可能会渐渐疏远那些曾经能够让他们恢复精力并给他们带来快乐的活动。所以，应该鼓励这些成员重新拾起他们在工作以外的爱好或者兴趣，鼓励他们向团队简单展示一项自己的爱好，并讲讲这项爱好对自己的意义，这可以作为团队拓展的活动之一。构建一个积极而有趣的工作环境，就像谷歌数字实验室（Google Digital Garage）那样，设置一个公共区域，里面有丰富的色彩，光线充足，趣味与游戏元素十足，员工聚集在那里，可以学习、探索并创新。

此外，还可以将快乐的人作为榜样，鼓励大家去学习和效仿。

领导者还应该鼓励员工或与员工们一起积极筹划、安排与亲友相聚的时间，让锻炼和社交同时进行。比如，和家人一起遛狗，或者在午餐散步时团建。与相约的锻炼搭档一起，互相监督、互相帮助以达到锻炼目标，利用一种特别的社会支持，使彼此都始终保持在正确的轨道上。

THE
JOY OF LEADERSHIP
05

拥有“时间的富裕”才是高效领导者

爱因斯坦不是在瑞士专利局打杂（多任务处理）时发现相对论的。

——大卫·迈耶（David Meyer）

密歇根大学认知心理学家[1]

凯文·格林（Kevin Glynn）一直很享受在生活中有轻微的压力。

2010年，作为一名法学和商学双学位的在读大学生，凯文来到纽约的瑞杰金融集团（Raymond James Financial）实习，他说：“我很喜欢纽约证券交易所和商业交易所的喧嚣。这是一个快节奏并充满野心与竞争的领域，我为之着迷。”

回到学校后，凯文进入了跨国银行高盛集团，半工半读完成了学业。在拿到商学和法学双学位之后，凯文开始在高盛全职从事高收益债券与不良债权的销售工作。凯文在这家公司做了4年，他说：“我在高盛学到的技能和获得的指导是非常出色的。”但是，学得越多，凯文就越渴望开启自己的下一段旅程。凯文，这位在大学时代就已创过3次业的准企业家，在2015年，也就是在他全职工作的第二年年末，申请了我们的“10倍领导力”计划。

凯文希望能从我们的计划中培养一些销售以外的技能，但有趣的是，这个计划帮凯文明白的第一件事，却是他的销售技能其实还有很大的提升空间。凯文说：“我是吃销售这碗饭的，我最常做的事情就是在电话里跟别人聊市场行情，‘今天大体上来看客户们都在卖出债券，零售行业估计会成为最大的推动力，你就这么做好了’。而当我结束‘10倍领导力’计划时，反思自己曾经的所作所为，我开始思考，发现那并不是工作，因为那没有参与，也没有聆听。”

凯文意识到他并没有在这些与客户的互动中全情投入，他只是在履行一套按部就班的行为流程，不具备那些我们之前界定的伟大领导者都具备的关键效率倍增因素之一：专注。在“10倍领导力”计划中，我们帮助人们在工作与人际关系中培养专念力，教他们如何从对美好事物的消极等待，向投入能够促进业绩、提升满足感的积极专念转变[①]。

专念与“心流”的重要性

研究早已证明，无论是对个人还是对组织，在工作上投入都能够带来更好的工作效果。2008年，组织咨询公司韬睿咨询对来自18个国家的大中型企业的9万余名员工进行了一次全球性的投入度调查。统计完所有反馈结果之后，韬睿咨询也研究了员工投入度对公司业绩的影响，发现那些在工作中具备高投入度的员工，其所在组织也会有更好的财政状况，平均会比上一财年多出近20%的营业收入；与之相比，那些员工投入度较低的公司，其营业

① 本书对 mindfulness 有两种翻译：当其所指为有意识地觉察（On Purpose）、活在当下（In the Present Moment）及不做判断（Nonjudgementally）时，译为“正念”；当其涉及埃伦·兰格著作《专念》（*Mindfulness*）中的相关概念，即强调专注力时，则译为“专念”。埃伦·兰格的《专念》已由湛庐策划、浙江人民出版社出版。——编者注

收入则平均会比上一财年降低超过 32%。其他业绩衡量指标，包括增长率、每股收益以及营业毛利率和净营业利润率之间也存在类似的相关性。然而，拥有高投入度员工的组织明显是少数。接受调查的 9 万余名员工中，只有五分之一承认自己是在全身心地投入工作。[2]

盖洛普公司出版于 2013 年的《美国职场现状》(*Sate of the American Workplace*)也披露了一些令人沮丧的调查结果。在 35 万名美国员工中，有 70% 的人要么是处于漫不经心的工作状态（如按点打卡上下班，对工作不会投入太多精力或热情），要么就是玩忽职守、讨厌工作（如通过破坏他人的工作来发泄自己的不满），而美国每年要为此付出 450 亿到 5 500 亿美元的惊人代价。[3]

那么，投入是指什么？就我们要达成的目标而言，我们非常认可希斯赞特米哈伊关于“心流”的概念，这个概念我们在之前介绍过，即“当一个人处于‘心流’状态时，他会全神贯注，在意识中没有分神，不受干扰，虽然自我意识消失了，但是他却能感到自己比平时更加强大。时间概念也会开始变化，过一小时就像过一分钟那样快……无论一个人做什么，都会因为做这件事情的行为本身而变得有价值”。读一本书，看一场表演，做一顿饭，和一个朋友聊天，或者打一场网球，当我们全情投入时，都会感觉时间的轨迹消失了，我们都经历过这样的状态。

THE JOY OF LEADERSHIP

“心流”的好处是显而易见的，它会给我们带来高峰体验和巅峰表现。换句话说，身处“心流”状态中，当我们将自己热爱的那些事干得出色时，我们便能够领会到效率倍增方法的精髓。

希斯赞特米哈伊认为，“心流”状态其实是非常少见的。1997年，他引用了盖洛普针对成年人的一项问卷结果，这个问卷只有一个问题：你是否曾经深深地投入于做某件事情，甚至无暇旁顾、忘记时间？盖洛普在超过140个国家进行了这项问卷调查，所得的结果也各有不同。总的来说只有15%~20%的受访者称每天都会有这样的投入体验，而同样也有差不多数量的人说他们从未有过这样的经历。

这些数字虽然并不是非常令人鼓舞，但如果我们乐观点看，剩下的60%~70%其实也表示他们偶尔会经历这种程度的专注体验，只不过是每周或每隔几个月才会有那么一次。[4] 显然，就体验更多的“心流”状态而言，人们还是很有发展空间的。

为什么专注对当今的成年人来说会如此困难？在本书的第一部分，我们概述了飞速变革的职场世界的三个驱动力：人员流动、角色转变以及信息无限。这些“流动”和“转变”是混乱且多方向的，而希斯赞特米哈伊的“心流”是坚定而专注的。那么我们可以假设，“流动”、“转变”和“爆炸”对“心流”状态是具有干扰作用的。

现代职场，作为“多任务处理”术语诞生的地方，看上去就像是一个打断“心流”状态的完美设计，其目的在于破坏我们对重要事物的专注能力。办公室通常就像一个个小隔间式的农场，员工们在开放的环境里忍受着各种谈话和噪音的轰炸。当某人突然站起来，将视线越过隔断，去窥探周围找寻噪声或是动静来源的时候，怎么看那都像是一个草原狩猎的场景。因为人员流动的趋势，更多的人开始不再选择在这种隔断式工作间上班，而是选择在家工作或是在路上工作，但这样却不可避免地会受到来自家庭或者行程的干扰。如果你还能记得某次和同事或客户打电话的时候，你没有同时在翻看别的东西，比如电脑、短信或是电子文档的话，那你真的是很不寻常。

在很多工作中，持续性的干扰也会使注意力持续分散。2013 年，瑞秋·阿德勒（Rachel Adler）和拉克尔·本布南－菲希（Raquel Benbunan-Fich）通过研究发现，一个人平均每天大概会受到 87 次干扰，其中约 22 次是外部干扰、65 次是自我干扰。[5]

加州大学欧文分校的信息学教授格洛里亚·马克（Gloria Mark）、德国洪堡大学的丹妮拉·古迪斯（Daniela Gudith）和乌尔里希·克洛克（Ulrich Klocke）共同主持过一项研究，他们发现脑力工作者平均每 3 分钟就会被干扰一次，而接下来平均需要 23 分钟才能重新回到工作状态中去。[6] 据瑞秋和拉克尔的研究结果，被干扰的工作中大约有 18% 在当天不会被继续完成。[7]

现代的工作场所或是现代工作本身的特点，往往会使员工心不在焉地对待手头工作，并且很难在诸多干扰中将注意力集中在最重要的事情上。正如格洛里亚和同事以及其他人通过研究所证明的那样，这种精力分散会显著降低我们工作的质量与数量，以及我们与其他团队成员的合作能力。

哈佛大学心理学家埃伦·兰格研究了心不在焉与专注力对领导者效率的影响，她的研究表明，许多人在开展工作时，会本能地采用基于过往经验的思维模式和行为模式。在《专念》一书中，兰格总结道，因为世界在不断变化，所以我们需要敏锐而持续地用心做事，并积极关注每一刻所发生的事情。根据兰格的观点，若只是每天心不在焉地例行公事或做一些无意识的行为，那么人就会产生厌倦、怀疑、痛苦的心理，甚至还会对生活失去希望，而这并不是人们或其所属组织本来想要的状态。

当凯文发现自己在一遍又一遍地跟客户重复同样的销售说辞时，他开始意识到是时候做出一些重大的调整了。在参与我们的计划之后，凯文做了一些简单的改变，如你将要见到的，他的人生就此发生了翻天覆地的变化。

瑞秋、拉克尔以及格洛里亚和同事们的研究，似乎都呈现了一个噩梦般的事实：现代化的工作环境几乎没什么可取之处。但是，我们同样也可以从乐观的角度，看到这一事实中蕴含着的巨大改进潜力。若是我们每天被打扰的 87 次中，有 65 次都是自己造成的，那么这意味着有 3/4 的干扰其实都是我们自己可以避免的。如果我们知道如何运用专念指导行为，那么我们就能更频繁地体验“心流”状态。

正念培训正在迅速成为德意志银行、宝洁、阿斯利康（AstraZeneca）和通用磨坊等公司旨在提高工作效率的重要实践领域。“正念减压”的创始人乔恩·卡巴金是这一新领域中从事研究和培训的先驱之一，在《多舛的生命》一书中，卡巴金写道：“我们每个人都拥有正念的能力，它涉及培育我们对此时此刻加以关注的能力。”[8]

卡巴金将正念训练与管弦乐团成员的校音相比较，他认为即使是世界上最杰出的管弦乐团，也从不会一坐下来就开始演奏贝多芬，哪怕他们已经是最优秀的音乐家，有着最出色的乐器，他们也还是会首先花时间为自己以及他人校音。

有趣的是，兰格发表于 2009 年关于专念最负盛名的研究之一，正与一个管弦乐团有关。兰格和同事们请这些经典音乐演奏家们以两种方式来演奏同一首曲子。首先，音乐家们要演奏一段他们曾经非常满意的表演曲目；然后，在接受一系列关于专念演奏的指导后，音乐家们再将一些不同于以往的细微差别融入他们的表演中再演奏一次。兰格的团队在这一过程中发现，不仅管弦乐演奏家们更喜欢创造一种全新的、略有差异的表演，而且当两次表演的录音在观众并不知情的情况下播放时，运用专念演奏的作品往往也被认为更出色。[9]

兰格在《哈佛商业评论》杂志中写道：“在30多年的研究中我们发现，提升专念力往往可以提升个人魅力和工作效率，减少倦怠和事故发生的可能性，增加创造力、记忆力、注意力以及积极情绪，改善健康状态甚至助人长寿。当我们处于专念状态时，我们可以有效把握机会，并规避潜在的风险，对于领导者及其领导行为来说都是这样。”[10]

通过以上诸多研究，我们发现：

- 人们每天所经历的大部分干扰与分心，其实都是在自己能力的可控范围之内的。
- 专念与“心流”是能够通过培养达到的状态，这两点似乎也反驳了我们在第2章介绍的“误区三”：巅峰体验极为罕见。事实上，使我们获得巅峰体验的机会就在我们身边，我们只需要更好地识别它们，进而把握它们。

达到“心流”状态的三个条件

米哈里·希斯赞特米哈伊在自己的研究中访谈过艺术家、运动员、发明家、商业领袖以及一些其他行业的人们。他发现，**任何人在任何活动中都可以达到并享受“心流”状态**。对此，希斯赞特米哈伊提出，人们可以努力创造以下三个条件，以增加达到“心流”状态的可能性。

首先，必须确立一个定义清晰的目标，比如演奏一段音乐，撰写年度报告，或发表一个公开演讲。目标是什么，或者其是否有一天会被另一个目标所取代，这些都不重要，重要的是无论何时，我们前进的方向都是清楚明确、毫不含糊，并且没有违背自己心意的。

其次，对目标的追求，必须遵循一系列定义清晰的规则，这一点至关重要。正如目标必须明确无误，规则也必须如此，否则人们在尝试解读规则的时候，可能就会被干扰而失去对目标的关注。这就是为什么很多人在玩电子游戏的时候，能够非常轻松地进入一种“心流”状态，玩几个小时恍若只过了几分钟，根本没有察觉到时间的流逝。中国著名游戏制作人陈星汉（Jenova Chen）曾撰写过关于“心流”理论适用于电子游戏设计的文章，并根据希斯赞特米哈伊的理念制作了一个名为《浮游世界》（*FLOW*）的游戏。在这款游戏中，玩家会指挥一个水下微生物穿越海底深处，并在整个过程里不断吃掉其他有机物，不断进化自己。

许多玩家发现，玩《浮游世界》会上瘾，这款游戏上线的头4个月里被下载超过了65万次[11]。在网络论坛，玩家们就这款游戏为什么会让人欲罢不能而争论不休。一个玩家写道：“这个游戏没枪、没血、没爆炸，但它好像就是有什么东西能把我黏在座位上，让我一个上午都在玩它，一定是哪里出了问题。”另一个玩家也说：“不知道为什么我就是停不下来，我知道这个游戏没什么意义，我想不出来为什么自己能一直玩下去，但玩起来它确实能让人放松。”[12]

玩家选择了“放松”这个词，这应该会激起米哈里·希斯赞特米哈伊的兴趣，因为正是他将“心流”描述为“行动中的冥想”，即一种行动中的放松状态。

希斯赞特米哈伊所提出的达到“心流”状态的第三个条件，即**设定的目标既不应该太难，也不要太简单**。我们所从事的活动应该既具挑战性，也要便于把控。不是所有的目标都能帮助我们进入“心流”状态，如果目标太简单，我们很可能会觉得枯燥，但如果目标难以实现，且过程太具挑战性，我们也可能会感到焦虑。

我们制定的目标，要帮助我们正好能够处于无聊（过分容易）和焦虑（过分困难）之间的最佳平衡点上，这非常重要。希斯赞特米哈伊说：“一个人在主动地努力去完成既有难度又有价值的事情时，把身心抻拉到极限的时刻，才是最好的时刻。”[13] 几十年前，目标设定理论的重要先驱之一、组织心理学家埃德温·洛克（Edwin Locke）认为，高水平的工作表现与目标的具体程度（比如我想赚 1 000 美元，而不是我想赚很多钱）以及实现难度是有关联的；哈佛大学教授理查德·哈克曼（Richard Hackman）也认为，理想情况下，团队应该将那些只有 50% 的实现概率的目标设定为团队目标。[14] 尼尔·阿姆斯特朗在成为登月第一人 14 年之后也承认，就在 1969 年夏天“阿波罗 11 号”发射之前，他自己估计登月成功的概率只有 50%。[15]

那么，你将如何创造对“心流”状态的产生如此重要的三个前提条件呢？我们拟定了一些创造专念和“心流”状态的具体策略，让人们能够进入所谓的专念投入区（Mindful Engagement Zone）。在这种状态下，我们将不断地把注意力引导至当下，从我们对自己的工作与对周围人们的投入与关注中获益。

进入专念投入区，拥有“时间的富裕”

威妮弗雷德·加拉格尔（Winifred Gallagher）在《全神贯注：充满注意力与专注的人生》（*Rapt: Attention and the Focused Life*）一书中指出，我们的大脑中并没有一个所谓的注意力中心，相反，大脑天生就容易分心，或者也可称之为“自下而上的关注机制”。因为生存需要，我们进化到能够注意到难闻的气味、嘈杂的声音、鲜艳的物体和突然的动静。这样一种被动状态，让我们总是处于周遭事物的摆布之中。

但是，**要在当今世界中生存，我们需要一套更加完善的关注技巧**。“自上而下地关注”就非常不同，它能够让我们专注于自己想要关注的事情，是一种具有前瞻性的行为。加拉格尔说，注意力是一种有限的资源，我们需要专注于那些更加积极或更富有成效的事情。[16]选择“自上而下地关注”的人，往往倾向于将注意力集中于那些正向的、富有生命力的东西，而不会在毫无成效的事情上浪费时间。我们可以提高自己“自上而下地关注”的能力吗？研究表明，尽管人们在关注自己认为重要的事情上的天赋差异非常明显，但事实上，几乎人人都可以提升自己“自上而下地关注”的能力。

正念是通过调节自身的注意力来实现的，每天练习 3 分钟就会有所助益。《第七感》①一书作者、精神病学家丹尼尔·西格尔是从事正念培训的杰出代表之一，他在书中写道：“正如人们通过刷牙来保持每天的口腔卫生一样，正念冥想也是一种大脑清洁方式，它能够清除污垢并加强大脑中的突触连接。”[17]

正念训练的实践看起来很像我们所说的冥想。出于某种原因，一些人对“冥想”这个词的印象不大好，可能他们会由此联想到打坐、念咒之类的场景。事实上，应该说冥想只是一种可以帮助东西方数百万人变得更加专注的训练方式。

冥想的本质就是去学着集中注意力。通常情况下，这是一种单独进行的训练，但也可以在教室或健身房里，以团体的形式或在有人带领、引导的情况下完成，或者你也可以每天抽出几分钟在办公桌前或办公室里冥想。这种练习通常比较有计划性，但当你一旦发现自己的思想不能集中、总是分心

① 《第七感》以心理学为理论基础，通过解释大脑复杂的运作机制，讲述了心理和大脑的协同作用。该书已由湛庐文化策划、浙江人民出版社出版。——编者注

时，也可以随时开展这种训练。有些人会在等红灯的时候或吃饭之前进行训练，因为这样可以帮助他们养成一种习惯。谷歌前高管陈一鸣就模仿乔恩·卡巴金的正念减压模式为谷歌员工设立工作坊。他在自己的著作《硅谷最受欢迎的情商课》以及在世界各地进行的演讲中，都用二头肌蜷曲这一动作来比喻冥想：每当你的注意力四处飘荡的时候，你就用冥想把它带回来，久而久之，你的“注意力肌肉”就会变得更强壮。[18]

呼吸冥想是最基础也是被最广泛使用的冥想形式，它根植于“浅呼吸是对现代生活压力的反应之一”的科学理论。为打破“浅呼吸”这种类似“战斗或逃跑”的焦虑反应，我们可以先做几次深入的、正念式的呼吸训练，然后尝试转向“放松反应”（relaxation response）。“放松反应”是由马萨诸塞州总医院身心医学研究所（Mind/Body Medical Institutes）的创始人、心脏病学家赫伯特·本森（Herbert Benson）提出的。

20 世纪 70 年代，本森设计了一种训练方式，他将其称为“放松反应”，旨在激活副交感神经系统，调节血液中与压力相关、能引发“战斗或逃跑”反应的激素水平。作为冥想最简单的形式之一，“放松反应”有四个基本要求：

- 一个安静的环境。
- 一种意识状态，比如安静或大声地重复一个字或一种声音，或者持续盯着一个物体。
- 一种顺其自然的态度。
- 一个舒适的姿势。

本森在其《放松反应》（*Relaxation Response*）一书中所描述的有关“放

松反应”的基本技巧如下：

1. 以一种舒适的姿势安静地坐下；
2. 闭上双眼；
3. 放松全身肌肉，从双脚开始一直放松到脸部，让全身彻底放松；
4. 如果可以的话，用鼻子呼吸。将注意力放在你的呼吸上，呼气的时候，默默地对自己说“一”（或任何你觉得舒缓且没有任何内在意义的字或声音）。举个例子，吸气……“一”（呼气），吸气……“一”（呼气），就像这样自然而放松地呼吸；
5. 呼吸过程持续10到20分钟，你可以睁开双眼查看时间，但是不要使用闹铃。当你结束的时候，继续安静地坐上几分钟，然后再慢慢睁开眼睛，但不要立刻站起来；
6. 不要担心你是否成功地获得了深度放松。保持一种自然而然的态度，允许放松按其步调自然进行。当分心的想法出现时，只需承认这一事实，然后再返回继续重复“一”即可。[19]

牛津大学心理学教授马克·威廉姆斯（Mark Williams）研究了另一种冥想方式，即把注意力集中在不愉快的情绪（如愤怒、悲伤、嫉妒或焦虑）所带来的生理感受上，以此来降低这类情绪的强度，并最终克服它们。例如，如果你在会议或演讲之前感到焦虑，不要去分析这种情绪，而是专注于那个反映你焦虑的身体部位，如紧绷的下巴、紧张的喉咙或是抽搐的胃，让呼吸到达那个部位。这并不容易做到，特别是当不愉快的情绪非常强烈的时候，但我们的目的并不在于完全消除不愉快的感觉或分散注意力，而在于弯曲我们的“注意力肌肉”，并将我们的意识转移到那个令我们不舒服的焦点上去。

努力培养一种积极的心志，也能够让人更容易提升专注力。积极情绪研究者芭芭拉·弗雷德里克森和她的同事们向一家高科技公司的员工提供了一次为期七周的冥想课程，这些课程侧重于让这些员工对自己和身边的人产生积极情感，继而使员工将这些积极的感受扩展到他们社交圈以外的人群。许多员工报告说，每天20分钟的冥想环节不仅让他们在放松过程中感觉更好了，还改善了他们的生活、人际关系、健康状态和自信程度，并提高了他们的工作表现和工作满意度。然而，不是只有冥想才能做到这些，花20分钟听自己喜欢的音乐也会让你得到类似的好处。[20]

每天只需安排短短几分钟来提高积极性和专注度，就可以产生令人惊讶的效果。正如威妮弗雷德·加拉格尔写的那样：“处于积极情绪状态中的人能看到更多，他们的视野会更宽广，在视觉上和心理上均是如此，因为他们比我们拥有更大的格局。他们能站在一个更好的位置来思考自己的选择，他们也会有更多的选择，可以做出更好的决定。”[21]

在与我们合作了一段时间之后，凯文·格林决定尝试用一点正念训练来开始每一天。“虽然每天只用10分钟，”他说，“但它给了你一个起点。如果我做完正念训练，然后再去健身房锻炼，那我真的会一整天都神清气爽。正念训练给我打下了一个坚实的基础，让我有足够能量迎接一天里的各种互动，并且它让我更加专注于工作，而不是想着接下来的20分钟或1个小时里要接到的电话，或者‘看，我的收件箱有50封新邮件了，我要赶紧回复’。”

另一种经过验证可以提升专注力的方法，正如兰格在对管弦乐团演奏的研究中所建议的那样，**我们可以尝试给习以为常的工作与生活带来一点改变，**以打破兰格所谈及的那种“预设生活”的无限循环。[22]米哈里·希斯赞特米哈伊在著作《发现心流》中举了一个例子：生产线上的装配工人里科·麦德林

（Rico Medellin）每天面对的是毫无变化的工作任务，即数百次地确认摄像机音响系统的质量是否合格，尽管我们大多数人都会觉得这种工作很枯燥，但里科在干了 5 年后，却依然热爱这份工作。

里科将这份工作当作一个游戏、一场与自己的比赛。每次任务结束的时候，里科都会查看自己完成今日工作量所用的时间是否打破了之前自己保持的纪录。在这 5 年里，里科就像一个长跑运动员渴望通过训练力争将比赛用时缩短几秒钟那样，花费了很多时间去思考如何提升自己的工作表现。最终里科将自己完成任务所需的时间从 43 秒缩短至 28 秒。因为高效，里科获得了上司的认可并拿到了奖金，但他表示自己更多的快乐则是来自挑战自我的过程。里科从事着一份他人眼中无比枯燥乏味的苦差事，但他却成功地将这种枯燥转化为了一种“心流”状态的工作体验。[23]

弗吉尼亚·波斯特莱尔（Virginia Postrel）在她的“彭博视野”（*Bloomberg View*）专栏中用了大量篇幅讨论关于政治、文化、社会科学和技术的波动将如何影响我们的未来。在《未来及其敌人》（*The Future and Its Enemies*）一书中，波斯特莱尔指出，我们（泰勒和安格斯）所提到的“飞速变革”是一种去中心化的、动态的、可以给世界带来积极改变的力量。波斯特莱尔赞同希斯赞特米哈伊的观点，即从某种意义上说，“心流”状态是一种“紧张与快乐”并存的体验。关于里科·麦德林，波斯特莱尔写道：“责任和自律并不是让里科与众不同的地方，要满足老板的要求或者遵循工作至上的职业道德，里科只需要每天干满 8 小时，并在 43 秒内完成一个装配任务就够了，但若是为了满足自己，里科就必须做更多。”[24]

我们要学习的不仅是如何达到“心流”状态，还有如何掌握领导力，因此我们或许应该在这里暂停一下，仔细观察那个里科每天需要重复数百次工作任务的职场环境。我们对里科知之甚少，工厂在哪儿，里面发生了些什么，我们都不清楚。但是，即使背景信息如此有限，我们也绝不会把里科每日枯燥单调的工作描述为希斯赞特米哈伊所说的“最佳体验”，更不会看作能使人投入激情并让自己蓬勃发展的工作体验。事实上，在我们看来，里科最多不过就是恪尽职守罢了。当然，世界需要流水线工人，但即使是科学管理之父弗雷德里克·温斯洛·泰勒，也不太可能愿意让工人在一个工作日内重复做数百次同样的事情。

在希斯赞特米哈伊描述的这个故事中，有更多线索表明这家工厂很可能是得益于拥有一个较好的管理层。例如，里科对自己工作效率的提升，理论上对除了他自己以外的其他任何人都没什么影响。“缩短工作时间并没有提升整个工厂的产量，”希斯赞特米哈伊写道，“因为生产线仍然以原来的速度运行着。”要想充分利用里科的成功经验，就得彻底改革，比如改变整条流水线的工作方式。但麻烦的是，除了里科以外，并不是所有工人都能适应改进后的速度。很显然，里科的主管们唯一能做的就只能是给里科发奖金，但我们真的很想知道，这些奖金究竟是在奖励什么呢？显然里科渴望的并不仅仅是奖金。

我们认为，“10 倍领导者”或者出色的领导者，在看这个故事时都会帮里科对自己的职业进行评估，对里科来说，生产线装配工肯定不是一个理想的工作。在飞速变革的世界里，呈现“心流”状态可以帮助识别一个人的才华和精力所在，目的不是单纯地打发无聊时光，而是为了探索属于自己的那个充满活力、捉摸不定的“最佳体验”。我们相信，一位优秀的领导者，在这样的情况下至少会试着让里科这样优秀的员工去学习，去尝试解决一个更大、更棘手的问题。在《发现心流》一书中，里科似乎也意识到了这一点。“里科觉得目前的工作已经无法再发掘他的自身潜力了，”希斯赞特米哈伊写道，“于是里科开始进修夜间课程，他希望通过在电子工程学上的精进，为自己在今后争取到更多机会。”[25] 正如波斯特莱尔所说，要想实现自己的目标，里科要做更多。

当凯文·格林在日常销售活动中开始感到自己越来越受单调僵化的过程而不是受自己感兴趣的内容驱使的时候，他很是苦恼。像里科一样，凯文也为自己设定了一个目标。“对我来说，最吸引我的事情就是与人打交道，”凯文说，“所以我对自己电话销售的开场白做了些改动，我不再每次都开门见山地介绍市场最新动态，而是先问候客户：‘今天过得怎么样？今天有什么打算吗？您觉得在您的投资组合中有什么地方是需要我帮忙的吗？’只是一些小小的调整，就让我慢慢意识到自己真的在全神贯注地聆听客户，并与他们进行互动。就像我们能在电影或一些即兴表演课中看到的那样，决定交流是否顺畅的并不是你说了什么或做了什么，而是你对他人的言行是如何反应的。我发现这点在销售中非常有价值。”

SHARPening Moment

专注

- 回想一下每当你处于我们所说的专念投入区，完全专注于一项工作时，“心流”体验发生的环境是什么样的？最终结果又如何？
- 无论是工作还是生活，对那些干扰和妨碍你全身心投入的因素与情况都要予以识别。你能发现并避免这些干扰，尽量减少它们对你的负面影响吗？
- 运用本章所介绍的工具，找到能够提升自己专注力的方法，比如安排时间进行冥想或专注训练，以清除大脑中的杂念。如果你的工作需要你经常与其他人互动，那么就像凯文做的那样，你可以尝试着以正念的方式接纳别人的想法和感受，打破自己的固有思维，去了解别人是怎么想的。
- 在构建自己的“心流”体验时，请认真思考米哈里·希斯赞特米哈伊所界定的三个能够促成“心流”状态产生的条件：要有一个界定清晰的目标；要在界定清晰的规则下去追求这个目标；实现目标的过程既不能太难也不能太容易。基于这些考量，如果你面对的是里科·麦德林所从事的那种平凡枯燥的工作，你会如何使自己达到“心流”状态？

团队管理：将专念注入领导力

凯文的偶然发现，其实是在过去几十年的领导力研究中慢慢浮现的一个事实。大部分人在思考究竟是什么造就了一个好的领导者时，都会囿于一种过时的、片面的个人魅力观，似乎优秀的领导者都是用这种神秘的人格力量来激发员工的热情，使员工忠于自己的。个人魅力往往被视为一种与生俱来的、能够使影响力和说服力自然而然产生的强大磁力。

然而研究表明，个人魅力并不是什么神秘的魔法，事实上正因为它与专念和专注紧密相关，因此它是完全可以后天习得的。[26] 设想一下，你正在一个鸡尾酒会上，周围都是陌生人，他们中你会觉得谁更具吸引力、更有魅力？是那个目光扫视整个房间追逐每一位来宾的人？是那个不断刷手机的人？还是那个将目光锁定在你身上、貌似对你的每句话都很关注的人？

THE JOY OF LEADERSHIP

成为一个具有个人魅力的人，并不意味着你要悄无声息地将其他人都纳入自己的领域，而是要通过关注别人以及他们的想法和感受来延展自己的边界，塑造自己的专念力和专注力。

美国电话电报公司（AT&T）的高管罗伯特·格林利夫（Robert Greenleaf）是最早提出以上观点的现代企业家之一，他早在20世纪中期就开始质疑美国工业界的独裁式领导，认为其效果并不好。格林利夫观察到，历史上大多数伟大的领袖，如摩西、耶稣、甘地和马丁·路德·金，其言行举止都是以“为他人服务”为宗旨的。格林利夫关于仆人式领导的想法随着被越来越多伟大的商界领袖，如美体小铺的安妮塔·罗迪克和强生公司的吉姆·伯克（Jim Burke）所采用，而变得越来越有影响力。根据格林利夫的观点，要想成为仆人式领袖，就“必须通过长期的艰苦自律去学习如何倾听，这是一个需要毅力参与的过程，因为不管遇到什么问题，首先都要学会倾听”[27]。也就是说，一位仆人式领导者要做到先听再说。

包括以色列心理学家奥斯纳·布斯基拉－亚姆（Osnat Bouskila-Yam）在内的一些研究人员已经证明，仆人式领导者拥有诸多优势，如果管理者同时也是具有专念力的倾听者，那么获得倾听和理解的员工所承受的压力就会更少，身体会更健康，每天的工作效率也会更高。而在团队中，善于倾听的员工解决问题的能力也会更好。

如果你曾担任过领导职务，那么很可能遇到过这样的情况：在员工明显需要帮助的时候，你会本能地想冲过去给他提供一些实用的建议，帮他解决问题。但是，**仆人式领导模式首先要做的是为员工提供空间，让他们可以探讨彼此的想法和经验**。这就要求我们在别人说话时，不要一味去思考自己该如何做出反应，要控制自己不假思索地提供建议的本能，无论那个建议有多么好，我们都要先给对方说话的空间，先做到全神贯注地倾听对方。耶鲁大学法学与心理学教授汤姆·泰勒（Tom Tyler）的研究表明，只要人们被允许讲话，且无论结果如何他们都可以自由表达自己的想法，那么他们有很大可能会觉得自己受到了公平对待。

以一种卓有成效的方式去倾听，并不意味着要让对方一味地讲话。20 世纪最具影响力的心理学家之一卡尔·罗杰斯（Carl Rogers）与理查德·法森（Richard Farson）一起合作研究将“敏感倾听”运用于关系疗法的重要性。研究表明，积极敏感的倾听对说话者大有好处，能使说话者在情感上更成熟，更愿意进行新的体验，也能减少说话者的心理防御，使说话者收回咄咄逼人的态度；同时，这种方式对倾听者来说也有好处（见图 5-1）。

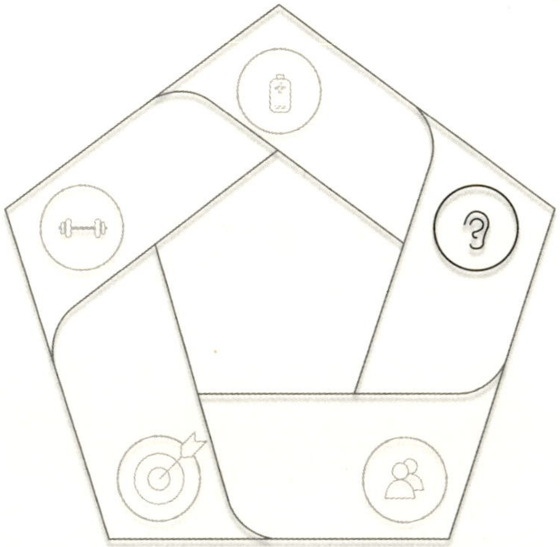

图 5-1　SHARP 模型之专注（Absorption）

罗杰斯和法森在研究论文中写道：“倾听能够比其他行为提供更多的信息，能够使倾听者与说话者建立起更加深厚、积极的关系，同时也有助于建设性地改善倾听者自身的态度。可以说，倾听可以促使人成长。”[28]

森宝利公司的迪·布莱克本认为，在参与“10 倍领导力”计划期间，对倾听的关注使她不仅成了一名更好的经理，而且还成了一位更好的姐姐、妻子和母亲。“我是一个非常热心的人，”布莱克本对我们说，“我总是喜欢跟别人谈论自己想分享的事情，这就意味着我总是在打断别人，不会全神贯注地聆听对方。用脖子夹着电话，一边熨衣服一边和人聊天，这对我来说根本不算什么。我曾经一边跟妹妹讲电话，一边清理完了整个花园，整个花园啊！我曾经认为这很不错，因为什么都不耽误，但现在看来事实并非如此。

“根据‘10 倍领导力’计划的安排，我做出了一些改变，其中一个就是，停下来，喝杯茶，坐下来真诚地听妹妹讲话。结果你知道吗？相比以往任何一次谈话，我更喜欢那次。对我来说最有价值的是妹妹对我说的话：‘迪，你真的变了。我喜欢我们现在的谈话方式，你要是永远都这样就好了。’现在我特别喜欢和妹妹在周末聊天，想想以前的自己，真是让人心痛，一个小小的改变对我和妹妹竟然能产生如此大的影响。”

丽贝卡·沙菲尔（Rebecca Shafir）在《倾听的禅意》（*The Zen of Listening*）一书中，提出了一种非常有效的倾听方法，对此凯文也深有共鸣，那就是“忘记自己的存在，让自己进入另一个人的‘影像世界’”。丽贝卡说，当我们能用观看一部电影那样全神贯注的状态去与他人交流时，我们就是最成功的倾听者。在那种状态里，没有打扰，没有分心，我们沉浸在电影中的世界里，与其中的人物共情，我们几乎意识不到时间在流逝，因为通常一部好电影会让时间过得飞快。[29]

凯文越来越擅长通过积极倾听的方式进入别人的“影像世界”，他开始真正认可自己是一名优秀的销售者，而且，在“10 倍领导力”计划的帮助下，凯文也开始充分发展自己的其他技能。“四年中接受的指导和学习，”凯文说，“再加上为期 9 个月优秀领导力培养的强化课程，使我的状态大为改观。我一直想创建自己的公司，而‘10 倍领导力’计划所侧重的正是我现在所需要的，比如招聘和激励人才的技能。”2016 年，凯文决定与最好的朋友一起创业，这位好朋友和凯文同一天进入高盛公司，也跟凯文一样都喜欢狗，他们一起成立了“黄油坚果盒”公司（Butternut Box），为整个英国的家犬提供新鲜的自制狗粮。

“每天的工作中，有很多时候都需要销售，”凯文说，“推销你自己、你的企业、你的产品，通过谈判获得最佳价格，与制造商和员工保持良好互动。我正在努力变得更好，不是说我要变得完美，而是说我会一直打磨自己最引以为豪的销售技能，这也将是我明年的目标。”

威妮弗雷德·加拉格尔在《全神贯注》一书中写道：“随着时间的推移，专注于富有挑战性的工作和活动，不仅会给人带来更好的日常体验，同时也会使人变得更丰富、更有趣，这就是具有专注力的人生所拥有的益处。正如尼古拉斯·霍布斯（Nicholas Hobbs）所说，成功的秘诀就是‘在通向目标的路上不惧麻烦’。”[30]

我们可以在银行职员或是狗粮供应商的职业角色中，体验到更多的“心流”状态，我们也可以在与妹妹聊天或与客户通话时打磨我们的倾听技巧，我们还可以在瑜伽垫上打坐或在办公桌前练习冥想。**无论做什么，如果我们真的想要充分发挥个人和职业潜力，就必须选择保持专注、投入、专念的状态。**

Workplcae
Tactics

专念参与的职场领导策略

确立专念文化：在招聘过程中，就应该向应聘者介绍“专念”和“心流”的概念，并在之后的入职培训、工作会议、一对一咨询与绩效评估中不断强调这些概念。领导者还可以将专念训练纳入团队日常建设活动中，引导大家的讨论方向，确立团队规范，使专念与“心流”的效用最大化。

团队应该不断探讨专念行为在团队当前阶段所取得的成绩中所发挥的作用，比如可以使团队成员专注当下，养成认真倾听的习惯。工作内容的设计与安排应该明确，这样才能让员工集中精力，进入专注与“心流”的状态。例如，要求员工无须对新邮件立即回复，或者在没有预约的情况下不得随意打扰别人。

减少干扰：先要确定干扰的来源。团队可以集体就“是什么阻碍了我们对工作的专注”进行讨论，一同制订规则和行为指南去避免一些经常出现的干扰，比如，建立无打扰安静区；不鼓励在开放区域召开电话会议；帮助团队成员精简他们的任务和待办事项清单；安排 90 分钟不间断地进行需要集中精力的工作；保持手机和笔记本电脑在会议期间处于“静音模式”。

为了在工作中有效减少干扰，领导者要以身作则。比如，控制查看电子邮件和其他社交媒介的频率；和团队成员一起学习识别同事发出的或委婉（如佩戴耳机）或直接（如出示“请勿打扰”的标志）的不愿被打扰的各种信号；对工作和会议的准备要充分，确保不会因为时间的压力而让大家分神。领导者可以用来降低干扰的行为还包括给予员工相关的指导和咨询，如鼓励团队成员与家人在一起的时候关闭手机、避免查看邮件，以保证对家庭生活的投入度。

培养专念和“心流”状态：指导并鼓励团队成员对自身的专念与“心流”状

态进行探索，比如让成员在工作会议开始前，先进行一段60秒的正念冥想或呼吸练习，使每个人都能专注于接下来的会议；带领团队进行基础冥想训练，比如“放松反应”，并鼓励大家在工作或会议期间安排适宜的时间用于休息、回顾或计划下一个活动；每周都对个人或团队的专念行为予以某种形式的奖励。

在规划和分配工作任务时，领导者应该时刻铭记米哈里·希斯赞特米哈伊所界定的产生“心流”状态所必需的三个条件：要有一个界定清晰的目标；要在界定清晰的规则下去追求这个目标；实现这个目标的过程既不能太难也不能太容易。鼓励团队成员制定一系列明确的目标来达成这些条件。

领导者亲自示范专念的最佳方式之一，就是在会议或一对一讨论中，与团队成员一起练习积极倾听，并使用其他仆人式领导的方式：用肢体语言（点头、目光交流）表示对对方言行的关注；在别人说话结束前保持聆听状态；如果要与对方进行深入交谈，那么找一个安静的地方，这样就可以最大限度地集中注意力。

THE
JOY OF LEADERSHIP

06

真实和积极的态度才能带来最优领导关系

如果你想走得快，那就一个人走。如果你想走得远，就得和大家一起走。

——比尔·乔治（Bill George）

辞掉一份稳定的工作去开创自己的事业，对于凯文·格林来说，这个决定其实挺难的。但一个关键因素却让这件事情又变得简单了，那就是凯文最好的朋友、和他一起在高盛并肩战斗了 4 年的伙伴同意和凯文一起出来闯一闯。今天，他们已经是默契的商业搭档了。

盖洛普 Q12 调查问卷旨在用来预测企业是否能够成功。问卷里有 12 道题，其中一道是这样的：你在工作中有好朋友吗？乍看上去，这个问题似乎平淡无奇，与问卷主题也没有太大关系。盖洛普的研究人员也承认，这道题经常招致激烈的争论，一些客户甚至要求将这道题从员工调查表里删除。

盖洛普也考虑过要不要把这道题删除或者稍做修改，但最终他们还是没有这样做，原因很简单：这道题在团队效率方面的预测效果非常出色，这个问题的答案总是能够准确区分出高效和平庸的工作团队。盖洛普负责职场管理和福利的首席科学家吉姆·哈特（Jim Harter）与罗德·瓦格纳（Rodd Wagner）曾在一本合著的书中写道："员工在其团队中拥有的某种深厚友好的关系，能够促使他积极地对待那些原本他自己并不愿意去做的工作。"更令人惊讶的是，将这个问题用于分析整个公司的情况时，它也能够准确预测出公司在包括盈利能力、环境安全、客户忠诚度，甚至是库存控制等多方面的业绩表现。[1]

这个发现与本书第2章提出"误区四"，即"领导者就要玩好'权力的游戏'"正好相反。后续研究还得到了另外一些有趣的相关性：职场中有好朋友的员工，能够更好地处理压力。这并不是说他们承受的压力没有其他人承受的那样大，而是说他们能够更好地应对负面情绪与压力，因为他们并不孤单，不是一个人在战斗。

在工作中有个好朋友，也能使员工对工作的满意度更高。因此，跳槽现象也会更少出现。人们都希望留在一个既能和同事愉快相处，又能拥有牢固社会关系的地方。

当然，对我们大部分人来说，最好的朋友可能并不在同事之中，但这并不意味着我们与同事的关系不重要。简·达顿（Jane Dutton）对心理学和企业效率进行了广泛的交叉研究，也发表了诸多研究成果。达顿发现，即使是非正式的合作关系，或是同事之间的短暂接触，比如休息室里的简短聊天，只要彼此间的互动足够积极，都可以显著提高各自的工作表现。在2004年发表于《员工发展杂志》（*Journal of Staff Development*）上的一篇采访中，达顿说："人们之间的互动构成了一个组织的社会结构，该结构可以指导组织如何完成工作，是一个具有生命力的价值观与标准。反过来，这种社会结构也会增加或降低个体去合作、创造新事物、促进信息共享以及相互适应的能力。这些小的日常互动与一个组织的整体表现之间往往有着深刻的关联。”[2]

财经新闻和评论网站 24/7 Wall St. 每年都会编制一份“不要为其效劳的最差公司”名单，组织领导和员工之间可能存在的不良关系都在这些上榜公司中体现得淋漓尽致。2016 年该名单上某家公司的前雇员在受访时说道：“企业领导者并不是真正尊重或关心员工，他们在意的只是如何从员工身上赚钱。”[3]

研究还表明，**社会关系是衡量个体健康的一个有力指标**。正如我们在第 4 章中指出的，“蓝色地带”的长寿居民一般都拥有强大的家庭和社会关系。这一点儿都不令人惊讶。就像盖洛普的相关研究所表明的，如果人际关系有助于缓解有害压力，那么与他人的交往实际上也可能会降低患与心血管功能、胰岛素调节和免疫系统有关的压力疾病的风险。一些研究人员还指出，关爱行为不仅能够提高被称为“温柔与善意”激素的催产素水平，同时还能降低“战斗或逃跑”激素即皮质醇的水平。[4] 由俄亥俄州立大学考特尼·德特连恩（Courtney Detillion）领导的一个研究小组发现，比起离群索居的动物，群居动物的伤口愈合得更快。[5]

美国杨百翰大学教授朱莉安娜·霍尔特–伦斯塔德（Julianne Holt-Lunstad）等人在研究了 30.9 万人的数据之后，发现抑郁症、晚年认知能力下降以及早逝都与缺乏社会关系有关。人们惊讶地发现，社交活动不足将会使由各种原因导致的过早死亡风险提高 50%，这相当于每天抽 15 支香烟，同时这也意味着，缺乏亲密的社会关系比肥胖和缺乏运动更能成为有可能早逝的有力预测因子。[6] 越来越多的研究人员认为，人际关系质量的好坏可能是决定我们能否保持身体健康与长寿的最重要的因素。

当然，人际关系也有助于我们的心理健康。心理学家埃德·迪耶内和马丁·塞利格曼①曾试图了解究竟是什么让那些最幸福的人从其他普通人中脱颖而出。研究者发现，最幸福的人与他们关心的人以及关心他们的人之间都保持着良好的亲密关系。这可以是爱人关系，也可以是朋友关系，关键是你的生活中要有一个或几个能够与你共享美好，并在困难时期给你情感支持的人。正如一句古老的谚语所说："友谊使欢乐加倍，悲伤减半。"（Friendship doubles joy and halves grief.）

THE JOY OF LEADERSHIP

所以真正的问题是，我们是否在生活中充分开发了我们人际关系的潜力。这个问题的答案取决于我们是否将人际关系放在首位。

很多研究表明，将赚钱视为首要目标的人并不开心。当然，追求物质上的成功没有问题，但若要以牺牲良好的人际关系为代价，那么这势必会给人造成沉重的心理负担。用哈佛大学心理学教授丹尼尔·吉尔伯特的话来讲就是："人际关系是人是否幸福的强大预测因子，比金钱重要得多。快乐的人不仅会进行广泛的社会交往，他们还会与交往的每一个人保持良好关系。"[7]在全球范围内，有很多关于不同国家国民幸福度的研究，越来越多的国家将国民幸福总值（Gross National Happiness, GNH）看成是一个除了国内生产总值即GDP以外，用来衡量国家是否兴旺的标准。丹麦、哥伦比亚、澳大利亚、以色列和荷兰在全球最幸福国家排行榜上的排名一直居高不下，为什

① 美国心理学会前主席，被誉为"积极心理学之父"，专注于如何建立人们的幸福感，并让幸福感持续下去。其著作《真实的幸福》《认识自己，接纳自己》《活出最乐观的自己》已由湛庐文化策划、万卷出版公司出版；其《持续的幸福》《教出乐观的孩子》已由湛庐文化策划、浙江人民出版社出版。——编者注

么它们能成为世界上最幸福的国家？在此疑问下，研究人员都不约而同找到了同一个答案：这些国家的人都感觉自己有强大的社会支持，他们重视人际关系，并将其作为优先考虑的事情。

尽管美国是世界上最富有的国家之一，但其在全球最幸福国家排行榜上从没位居前列。南加利福尼亚大学经济学教授理查德·伊斯特林（Richard Easterlin）于 1974 年发表了一篇名为《经济增长是否改善了人类命运？一些实证证据》（*Does Economic Growth Improve the Human Lot? Some Empirical Evidence*）的文章，并因此声名大噪。对于文章题目中所提出的问题，伊斯特林教授回答得很简单：不会提高。美国与英国、德国、日本、新加坡等国一样，在变得更加富裕的同时并没有整体提升国民的幸福感，这种情况现在被称为“伊斯特林悖论”。

可悲的是，现代生活给建立牢固的人际关系设置了很多障碍。人们无法为自己的人际关系投入太多的首要原因是没有时间。换句话说，人们优先考虑的事情发生了很大的变化，这也对人们造成了很大的损害。

此外，如今的人际关系正变得越来越不真实，因为网络虚拟互动正在逐渐取代现实生活中的面对面。尽管通过电子设备进行沟通的技术为我们带来了诸多方便，但对经营并维持人际关系来说还远远不够。

爱德华·哈洛韦尔（Edward Hallowell）[①]在《哈佛商业评论》杂志中提出了“人类的时刻”这一概念，他将其定义为一种情感与理智充分投入的真正的互动。正如哈洛韦尔所说：“为了让‘人类的时刻’出现，你要放下正在做的事

① 注意力缺失领域的顶尖专家，曾于哈佛医学院执教 20 多年。其著作《分心的孩子这样教》《分心也有好婚姻》《分心不是我的错》和《分心也有好人生》已由湛庐文化策划、山西教育出版社出版。——编者注

情，放下正在读的备忘录，推开笔记本电脑，从你的白日梦中醒来，专注于你身边的人。通常当你这样做的时候，你身边的人就会感受到你的能量，并也会做出相同的回应，于是你们就能一起迅速创造出一个具有超凡能量的力场。我之所以称它为‘人类的时刻’，是因为我相信它正慢慢地从现代生活中消失，而且我感觉，我们迟早都会发现因为它的缺席而造成的破坏性后果。”[8]

想象一下，如果我们有更多的会面是在上述“人类的时刻”中进行的，那将会怎样？为了创造这种具有超凡能量的力场，我们需要建立一个真实的交往关系，1 000 个虚拟朋友并不能替代一个亲密朋友的作用。社交平台不能取代面对面的互动，我们在屏幕上与他人互动的时间越长，说明我们的孤独感越强，罹患抑郁症、心脏病的概率都和孤独感高度相关。正如孤独研究专家约翰·卡乔波（John Cacioppo）指出的，在线互动得越频繁，你就越孤独。尽管在线互动很诱人，但有时我们仍然需要坚定地断开网络连接。

既然有明确的证据表明，真实的人际关系对个人健康和幸福以及组织的成功有很大助益，那么为什么不在职场中将它放在首位呢？

真实性与积极性：人际关系的促进者

如果你想建立一段积极的关系，那么从理论上讲，你在这个世界上有数十亿种可以自然而然发展一段友谊的选择，而且基本不用费什么力气。但相比之下，工作环境的选择范围要小得多，其中还可能存在一些你根本无法想象自己能与之和谐相处的人。然而，鉴于大多数人都要度过漫长的职场生涯，因此个人的幸福和组织的成功很大程度上都会决定其在职场中能否建立健康的人际关系。要如何才能达成目的呢？研究人员发现，**除了优先考虑人际关系并创造机会建立真实的情感连接之外，健康的人际关系还有两个不可或缺**

的关键要素：真实性和积极性。

严格意义上来说，“真实性”指的是“不虚假，真正的”[9]。你可以假装很享受某人的陪伴，但其实你骗不了任何人。如果你能朝着“真实性”迈出重要的两步，那么你就更有可能得到一个具有建设性的关系。这两步是：**了解自己和做你自己**。

南加利福尼亚大学领导科学研究所已故创始人、领导力之父沃伦·本尼斯（Warren Bennis）在他的著作《成为领导者》[①]中写道：“除非你真正了解自己，了解你的优点和缺点，了解你想做什么以及为什么想做这个，否则你就无法成功。你就是自己的原材料，当你了解自己时，你才真的准备好了去创造自己。”

做自己并不总是那么容易。取悦别人、保持权威的想法、职务角色的要求以及来自上司的压力，都可能妨碍你呈现真实的自己。相信并遵从自己的内心，这相当需要冷静与勇气，但如果我们想要有效地领导他人并与他人交往，那么这些都是很有必要的。本尼斯写道：“成为领导者意味着成为自己，不过这说起来简单，做起来却很难。”[10]

哈佛商学院管理实践专业教授、医疗器械制造商美敦力公司（Medtronic）前首席执行官比尔·乔治对125位非常成功的企业领导人进行了深度访谈。在回顾完3 000页的访谈记录后，就像之前成千上万名研究人员一样，乔治的团队也无法准确描述一个成功的领导者究竟是什么样的。比尔·乔治唯一能够得出的结论是：领导者成功的关键在于忠于自己的内心，他们会在工作中将自

---

① 这是本尼斯最重要的一部著作，以宏大的美国历史画卷探讨了领导力的作用、形成与挑战，通过对数十位领导者的深入访谈与研究，讨论了领导力的方法论。该书已由湛庐文化策划、浙江人民出版社出版。——编者注

己独特的经验、热情与技能结合在一起。[11]

当然，如果你生性刻薄狭隘，那么做真实的自己对你来说不会有多大好处。积极性，指的是对他人保有关心与善意的态度，这对于能否建立起健康的关系至关重要。人际关系研究领域的佼佼者之一，因开发出婚姻预测模型而闻名于世的约翰·戈特曼（John Gottman）①曾邀请数百对夫妇参与一项对话调查，并在对话中仔细评估这些夫妇对彼此态度的积极和尊重程度，根据相应标准对这些夫妇进行分类。最终，戈特曼预测了哪些夫妇会白头偕老，哪些终将婚姻失败。15 年后的事实证明，戈特曼的预测准确率高达 94%，彼此是否能尊重而积极地对话几乎可以完美预示这段关系最终是否能成功。

在后来接受《哈佛商业评论》杂志的采访时，戈特曼指出，夫妻之间的这类互动在职场领域里同样重要。“这听起来很简单，其实你可以用盐罐比喻来领会我的研究发现，”戈特曼说，“不要只用盐去装满这个盐罐，而要用你所有能说‘是’的方式去填满它，这才能造就一段良好的关系，如‘是，这是个好主意’‘是，这是个很好的观点，我从来没有想到这一点’‘是，如果你认为这很重要，那就这样做吧’。若你在整个互动过程中都充满了肯定与支持，那么你就拥有了一段良好的关系。”[12]

需要提醒的是，戈特曼并不是说你应该永远不要说“不”，不惜一切代价去避免冲突，明显这是不现实的。但若想好好经营人际关系，确实非常需要积极态度的参与，也就是在可能的情况下经常说“是”。

同样需要注意的是，少数场合下，如当你发现自己真的不喜欢某个人时，

① 享誉世界的“婚姻教皇”，华盛顿大学心理学教授，与罗杰斯、荣格齐名的心理学大师，其著作《爱的沟通》《幸福的婚姻》《爱的博弈》《人的七张面孔》《培养高情商的孩子》已由湛庐文化策划、浙江人民出版社出版。——编者注

你本能地会讨厌甚至因这种人而恼怒，那么你的真实性对这段关系来说就会成为一个挑战。但在现实生活中，身处职场的你可能别无选择，不得不与这个人打交道，所以建立一种积极正面的关系可能比你想象的要困难得多。但重要的是你要记住，**无论人们看起来有多么容易了解，实际上他们都是复杂而多面的**。他们有自己的家人、爱好以及在乎的事，这些可能都会妨碍你了解真实的他们。一开始可能你确实不喜欢这个人，但你可以试着去发现、挖掘这个人身上与你能真正产生共鸣的东西，就像对神奇的镜像神经元和催产素的研究表明的那样，你会发现自己的积极反应在那些你觉得难以相处的人身上也能唤起某些令你喜爱的东西。去寻找吧，你会发现这点的！

我们用一个简单的矩阵来举例说明将真实性和积极性结合起来的效果。图 6-1 的这个矩阵向我们展示了4 种不同的关系模式。这 4 种模式中，你可能会在各个模式间徘徊，但将自己固定为其中某一种，是不可能也是毫无益处的。

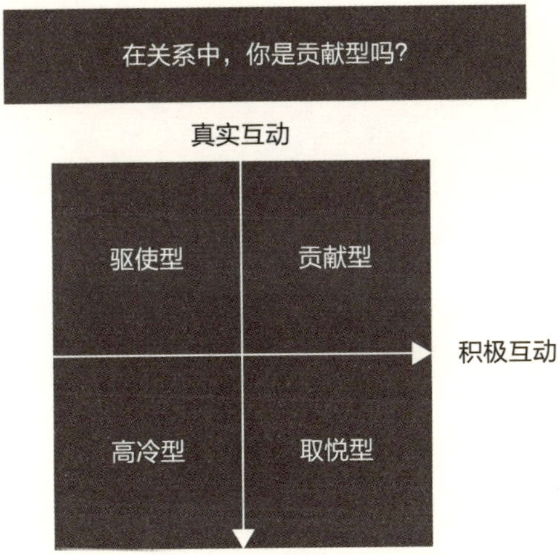

图 6-1　真实性与积极性矩阵

此时，你应该问自己：我属于哪一种模式？我在哪一个区域逗留得最久？

我们先来看看左上角。**当在关系中保持真实但不一定愉快时，我们充当的是驱动者，试图推动其他人采取行动。**在我们有强烈动机并且以任务完成为导向时，就可能会发生这样的情况。处于这种模式的我们，不太会在意别人的情绪与感受，因为我们的目的只是把事情完成。

在矩阵另一端右下角，处于关系中积极性较高、真实性较低的范畴，这意味着我们表现得很好，但可能只是伪装。我们称处于这一模式的人为取悦者，但视具体情况而定，有时候这种模式也可以操纵他人。这一模式将受到欢迎和获得赞同作为同样重要的事，即使这意味着要隐藏真实的自己。**若我们在沟通时主要是根据我们认为他人想要听到的内容来选择自己要说的话，那么我们就处于取悦者的模式。**

当你在矩阵左下角时，你的真实性和积极性都很低，即你既脱离了自己的感受，也脱离了他人的需要，那么处于这种模式的你便不会太友善，也不会专门花心思去经营这段关系。我们发现**高冷者并不是一种常见的心态，因为这既虚伪又没好处，但每个人多少都曾经历过这样的时刻**。

当我们在矩阵右上角时，我们既真实又积极，这意味着我们处于最佳状态，此时的我们会将自己最好的东西带入我们与他人的关系中，这就是贡献者模式。**在贡献者模式中，我们既关心目的，也关心达成目的的手段；我们想要完成任务，但也重视任务完成的过程。在这一模式中，我们也会让他人同样有所收获。**

我们把右上角的这个区域称为"**贡献者赋能区**"，并鼓励大家尽可能朝这个方向努力。当你忠于自己并带着善意与别人互动时，你就处于这个区域。你会呈现出最好的自己，也会帮助他人呈现出最好的状态。因此，尽管我们在这四个区域可能都会有所逗留，但重要的是：如何让自己在"贡献者赋能区"停留得更长？

及时表达有效的认可与感激

你在工作中有好朋友吗？这只是盖洛普Q12调查涉及职场关系的问题之一。事实上，这份调查中有一半的问题都是关于人际关系的：

- 在过去的7天里，您是否因为良好的工作表现而得到了别人的认可或称赞？
- 工作中，你的主管或同事是否像一个朋友那样关心你？
- 工作中，有人鼓励你发展吗？
- 工作中，你的观点会被认为有价值吗？
- 在过去的6个月里，工作中是否有人与你讨论你的进步？

这些问题更加明显地侧重于具体的互动模式，以及鼓励个人成就和成长的实际方法。通过这些以事实为基础、涉及人际关系的Q12问卷的问题，能够清楚判断该组织是否能成为一个盈利能力强、生产力高、员工敬业、客户满意的成功组织，能确保其员工受到重视和支持。

大部分大公司和组织都明白这一点，并且也都会制订一些正式的表彰计划。不幸的是，其中的大多数计划都没什么人情味，而且方式也都是错误的，比如要求员工工作必须要满多少年、必须要完成某个特定任务或项目……才能获得认可或者表彰。计划制订者还特别喜欢采用一次性的表彰奖品，比如饭店礼品卡、奖章、胸针、旅行和现金，但这些与我们从自己最在意的人那里获得最珍贵的认可完全不是一回事儿。

几年前，德勤管理咨询公司发布了《美国2012年度员工表彰现状》，对美国384家公司的员工表彰计划进行了调查。结果令人瞠目结舌：美国公司在这些计划上花费了大约460亿美元，但所产生的可与之匹配的业务效果却少得可怜。只有大约17%的受访雇员表示，其所在公司有着强大的支持性表彰计划；此外，70%的受访雇员都称他们根本就没有被表彰过，或者一年只有那么一次，不过也都是和一群同事一起获得的集体荣誉。

组织所采用的是一个只注重认可形式的表彰计划，还是一个强调认可文化的表彰计划，这是有差别的，而这其中的差别正是决定一个组织能否充分开发认可所具潜能的关键所在。具有高效的企业认可文化的公司，其员工自愿离职率要比那些执行无效表彰计划的公司低30%以上，并且在生产力和客户服务方面的表现也更好。[13]

有效和无效的认可有什么区别？关于这个的负面案例，我们通常会说到之前提及的"金表时代"。在那个时代，忠诚的员工在退休后会得到所在企业表达谢意的礼物，有时是一块金表。在工业时代的大部分时间里，管理者和员工之间的关系，或者员工与员工之间的关系，都不那么重要，甚至许多人认为这些关系对生产力毫无助益。

但也正是工业时代的一项研究，让我们无意间窥到了绩效管理的未来走向。1939年，一群哈佛商学院的教授在芝加哥郊外西方电气公司（Western Electric Company）所属的霍桑工厂开展了一个研究项目，该研究的目的是了解光照对生产率的影响。研究人员先增加了生产车间的灯光亮度，正如他们预测的那样，员工的生产率提高了。但让研究人员惊讶的是，当他们把灯光亮度降低到正常水平时，员工的生产率还在持续上升；研究人员把灯光亮度进一步降低，员工生产率仍然在持续提高。研究人员感到惊奇不已，他们非常困惑，直到后来与员工交谈时他们才明白，持续增长的生产率与照明亮度没有任何关系。工人们更加努力工作的原因是，研究人员关注车间灯光的行为使他们觉得有人在关心他们做什么，这让他们感到自己的工作很重要。

这项突破性的研究揭示了员工被认可的重要性。那么，我们该如何创建一个重视认可的企业文化，从而在一个组织、一个工作团队，甚至是在一对一的关系中也能产生同样的效果呢？答案就是，**尽可能真实而主动地去认可他人及他人的工作，公开而真诚地承认他们的贡献**。就像马克·吐温说的："一句真诚的赞美就能让我高兴两个月。"在好公司里，员工不必非得等上两个月或者等正式的业绩评估结束才能获得（或者给予别人）一次赞美。

但是，**赞美只有在与工作具体相关的时候才有价值**。"领带真好看"或者"干得漂亮"的赞美都很好，但是如果听到以下这些夸奖，人们的感觉会更好，比如，"安，报告做得不错。你只用一个图表就展示出了这么多不同的想法，你的创造性方式可以使人更易理解这些想法是如何相互关联的。我喜欢这个图表，因为它把问题用非常易于理解的方式呈现了出来"。

这种方式的赞美，不仅会让他人感激，而且也有助于引导他人走向未来的成功。此外，还能加强和巩固赞美给予者与接受者之间的关系。

我们在第 3 章介绍的盖洛普公司前首席执行官唐纳德·克利夫顿和资深科学家汤姆·拉思（Tom Rath）曾合著过一本书《你的水桶有多满？》。他们在这本书中提出了一个简单且已被证实的比喻：每个人都带着一个看不见的桶走来走去，里面装着各种积极的想法；每个人也有一个看不见的勺子，被用来装满或清空别人的桶。

2012 年，捷蓝航空推出了一项名为"提升"（Lift）的员工认可计划，该计划利用社交媒体使员工对他人的认可变得更加容易、更具普遍性和自发性。社交媒体的使用令员工和经理们一样可以向其他人表示认可与赞美，也使员工自己能够得到实时反馈，该计划的特别之处在于，在线的每个同事都能看到这些肯定与赞美。当时，捷蓝航空的首席人力官乔安娜·杰拉蒂（Joanna

Geraghty）说:“仅是简单地说声‘谢谢’，就会有不可思议的影响，因为人们喜欢被认可。为了体现自己的价值，人们也喜欢在自己做得好的地方被点名表扬。”“提升”计划进行 4 个月后的后续调查显示，捷蓝航空的员工满意度提高了 88%。[14]

正如我们之前提及的，填满自己和别人水桶的有效方式之一就是表达感激之情。当然，最容易的方法是简单地告诉别人我们对他们很感激，但研究表明，书面表达感激之情会产生更大的影响。[15] 积极心理学之父马丁·塞利格曼测试了表达感激的几种不同方式对 400 多名被试者的影响，其中对感谢者和被感谢者来说，最有效的是“感恩之行”，即一个人向一位自己从未正式表达过谢意的人写一封感谢信，并将信亲自送到对方手上。[16]

一名员工可能会觉得自己的日常工作平淡无奇，自己的职业生涯也并不成功。但来自另一位同事的感谢信，却可以帮助这名员工认识到他的工作所带来的影响，以及事实上他是有多么成功。这从三个方面产生了积极的影响：唤醒或提醒写信者意识到自己的感激之情以及这份情感产生的原因；启发收信者了解到自己是有多么被珍惜、多么被感激；加强写信者和收信者之间的交流，强化两者之间的情感连接，让积极情绪在未来的关系中能够自由流动。

正如我们之前指出的，当员工在工作中能够发挥自己的优势时，他们就会更加投入。而进一步的研究表明，当员工自身受到认可的时候，他们更有可能在今后全情投入。例如，2009 年盖洛普针对 1 000 名员工进行了一项关于员工投入度的调查，调查者让员工选择以下两种状态：

1. 我的上司关注的是我的优势或积极的性格特征；

2. 我的上司关注的是我的缺点或者我性格中不好的一面。

有 37% 的员工选择了第一种状态，其中，有高达 61% 的人认为自己对工作是投入的，只有 1% 的人称对自己的工作很反感。

在选择了第二种状态的员工中，只有 45% 的人认为自己是敬业的，其余大部分都称自己有过消极怠工的情况甚至讨厌工作。

对上述两种状态都不做选择的员工，盖洛普将其归为第三类，即“被忽略者”。令人吃惊的是，在这部分群体中，只有 2% 的人认为自己对工作是投入的，57% 的人称自己对工作持敷衍了事的态度，有高达 40% 的人表示强烈反感自己的工作。[17]

员工渴望被重视。正如美国哲学家威廉·詹姆斯（William James）在 100 多年前所说：“人性的最深处其实是渴望被欣赏。”

组织中的领导者不愿向员工表达感激之情的原因可能有很多：领导者可能会认为这让他们看起来很软弱，员工可能会因受到表扬而停止纠正自己的缺点，并且领导者可能还会觉得自己这样做会显得笨拙和尴尬，或者至少会让对方感到尴尬。这样想的领导者可能成长于一种高度竞争的环境中，且这一环境以旨在纠正错误的批评文化为主，又或者他们非常繁忙，并没有把认可和感激视为首要任务。

THE JOY OF LEADERSHIP

当你对自己和他人的出色表现致以认可和感激的时候，你、你的同事和你所在的组织将因此更有可能获得成功。经验表明，当你感激美好的时候，美好就会成倍增长。

通过我们所做的大量研究，我们向大家提出如下建议：**不要忽视那些和你一起工作的人，对他人的付出熟视无睹的行为已被一再证明是错误的。**

SHARPening Moment
关系

- 回顾你与家人、朋友和同事的积极关系，它们是如何让你更坚强、更快乐、更高效的？在工作中，你能想到那些因为与同事或客户建立积极关系而取得成功的经历吗？
- 想象一下，你会如何扩展自己积极的关系圈：在你曾经的人际互动中，有没有错过一些你可以更真实、更积极地对待他人，从而使你在“贡献者赋能区”待的时间更长的机会？
- 试着使用本章提到的具体方法，如表达认可和感激，对成功和失败给予积极的建设性回应，鼓励反馈，创建心理安全感，等等，去建立积极的、值得信任的关系。设想一下，当你在生活和工作中进行个人互动时，将如何运用这些方法？

团队管理：为团队创造心理安全感

认可和感激是建立积极关系的基石。正如我们所指出的，无论你在组织层级中处于何种地位，无论你的角色是正式的还是非正式的，积极关系都是优秀领导力产生的关键，因为领导力从本质上来讲，就是与他人合作完成任务（见图 6-2）。

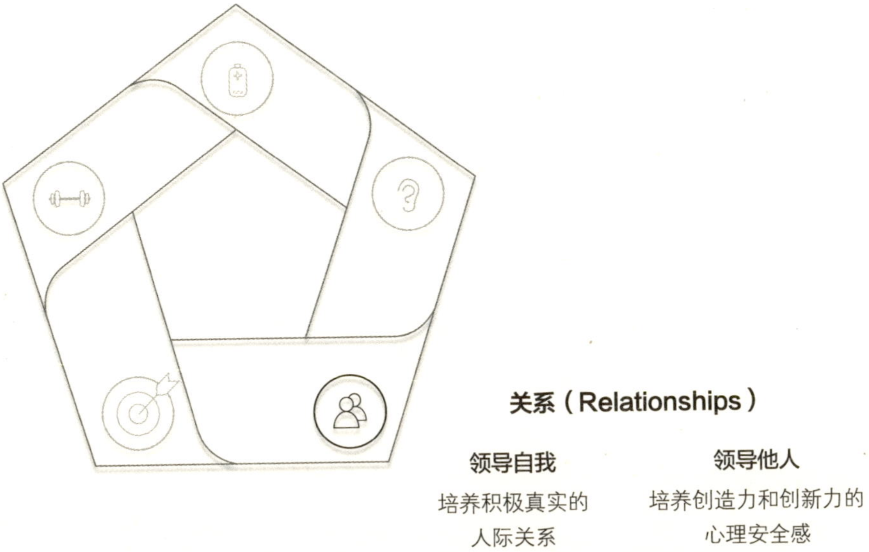

图 6-2　SHARP 模型之关系（Relationships）

与保持这种健康的人际关系同样重要的是我们对事件的反应方式。如果你已经和同事建立了非常积极的关系，那么你可能会认为你对事件的反应方式并不重要，但加州大学洛杉矶分校的心理学家谢莉·盖布尔（Shelly Gable）的研究表明，事情并不是那么简单。你对成功事件的反应，理想状态下会使你在未来成功，而糟糕的情况下则会把你未来的成功扼杀在摇篮里。

盖布尔和她的同事发现，事实上，我们对积极事件的反应，如当一个人与我们分享他或她的成就时我们怎么想，要比我们对负面事件的反应，更能准确地预测出我们和对方的关系是否能够融洽、成功，而最有力的反应方式是积极而有建设性的反应（Active Constructive Responding, ACR）。[18] 图 6-3 中的反应矩阵很像我们曾用来描述真实性与积极性的矩阵。

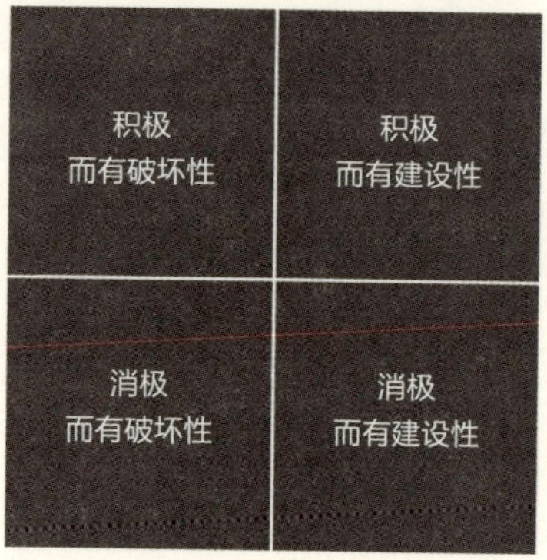

图 6-3　反应矩阵

让我们用一个例子来说明这些不同的反应。同事黛娜刚刚提出了一种新的库存方案，该方案既可以减少时间，又能节约成本。库存问题之前被指派给了团队中的几名员工，而黛娜是其中第一个拿出方案的人。黛娜找到我们，兴奋地告诉了我们这个消息。

我们给予的最坏反应是图 6-3 左下角，即消极而有破坏性的反应。在这种反应中，我们可能会转身离开，避免与黛娜进行目光接触；或者刻意转换话题；或者不假思索地批评这个想法，比如，它不够详细，还没法使用，然后若无其事地转而谈论其他人的工作。

图 6-3 左上角是积极而有破坏性的反应，与左下角的相比也没好多少。在这种反应里，我们会出现攻击、批评的行为，或对黛娜的想法给予强烈而彻底的否定，比如："听起来它需要大量的培训，我不知道最后它到底能节省多少时间，我要找一种更简单的方法。"

以上两种形式的**破坏性反应，其根本原因可能是他人的成功让你产生了不安全感与威胁感，或是由于某些原因你不愿意积极地认可他人。**

图 6-3 右下角的消极而有建设性的反应，至少是有建设性的。在这种反应中，我们可能会报以微笑，说些无关痛痒的话，比如“这是个好消息，很不错”，然后继续做其他事情。虽然没有给出破坏性的反应，但消极而有建设性的反应也并不能充分发挥积极的作用。

图 6-3 右上角积极而有建设性的反应是最理想的反应。我们会与黛娜保持目光接触、微笑，并对黛娜的想法产生真正的兴趣。我们会热情地向黛娜询问更多的问题，关注她计划中的积极方面，比如:“这看起来有戏，告诉我你是怎么想的。”我们还会提议将这个方案在下一次团队会议中分享给大家。即使你不认为这是一个完美的方案，还想考虑其他的选择，但你也要记得使用基于优势的领导方法，即培养优势、管理弱点，鼓励黛娜在自己擅长的领域做出更多更好的思考。

积极而有建设性的反应已逐渐被大众认可，并成为改善包括美国军队在内的各类型组织内部关系的重要工具。**这种方法不是对对方自尊进行愚蠢的打击，而是真心地投入一种积极的理念，用感激的态度让对方的兴奋保持下去。**反应必须是真诚的，即使我们对这个话题的兴奋程度不如分享它的人，我们也需要承认并尊重对方的热情。积极而有建设性的反应能够产生弗雷德里克森和托马斯 · 乔伊纳（Thomas Joiner）所提出的“螺旋上升式”（upward spirals）的积极情绪，将分享者的快乐延伸到令其快乐的事物之外，并建立积极的能力，这样关系就能更好地经受住负面事件的考验。[19]

当事情被搞砸时，我们对这些失败事件的反应，对我们职场中的人际关系至关重要。哈佛商学院教授艾米 · 埃德蒙森（Amy Edmondson）的研究表明，级别越高的领导者，其对失败的反应越能影响整个组织的未来。当艾米 · 埃德蒙森还是理查德 · 哈克曼（Richard Hackman）的博士生时，她就设计了一项研究来测试哈克曼教授的有效团队模式，看看在这一模式的有效性量表上的高分团队是否确实更不容易犯医疗错误。

这是一项重要的研究，因为根据约翰·霍普金斯大学医学院的调查，每年美国有 25.1 万人死于医疗事故，医疗事故是仅次于心脏病和癌症的第三大死因。[20] 经过多年的数据收集和分析，埃德蒙森得到了具有统计学意义的结果，但这却与她的预期截然相反。那些满足哈克曼有效团队模式高分条件的团体竟然更容易犯医疗错误。这是一个令人震惊的结果，一个与数十年的研究预期相矛盾的结果，这个结果让埃德蒙森一时不知所措，她很难相信自己多年的研究会得到这样一个结论。经过认真的分析和回顾，埃德蒙森终于得出了一个修正后的假设：优秀团队并没有犯更多的错误，他们只是报告了更多的错误。

回到医院，埃德蒙森又重新检验了这一修正后的假设，发现那些低分团队确实是犯了更多的错误，但这些团队却经常会掩盖自己的大部分事故，只选择报告那些无法隐瞒的、最恶劣的事故，比如那些导致病人死亡的重大事故。而综合评估下来，那些高分团队其实并没有犯太多错误。[21]

泰勒在哈佛大学跟随哈克曼博士学习时，恰逢埃德蒙森在进行以上研究。就在几年前，泰勒也经历了类似的一件事。当时，一家大公司的首席执行官请泰勒作为顾问来帮助解决公司内部的一个严重问题：他的员工经常对他说谎。这位首席执行官认为，不诚实是一种“邪恶的癌症”，而现在这种癌症竟然正在整个公司中迅速蔓延。

泰勒随机挑选了一些员工单独和他们交谈，他花了很长时间才弄明白到底发生了什么：只要员工说了一些首席执行官不喜欢的话，就会被当众斥责。为了避免遭受这种羞辱，员工开始向首席执行官隐瞒一些事情，后来直接变成没人再愿意对他说真话。当首席执行官偶然发现有人对他撒谎时，他立刻变得怒不可遏，并更加严厉地训斥那个人，于是他和员工之间的关系便陷入了恶性循环，变得越来越糟糕，完全不是盖布尔和同事所说的那种积极而有建设性的关系。

成功的团队喜欢那种在心理上感到安全的环境，因为他们知道在这种环境下，当自己寻求帮助或承认失败时，不会有人否定他们并让他们因此而感到尴尬。当每个团队成员都不惧失败时，那么整个团队就能够得到成长和提高。如果错误被隐藏起来，大多数人都不知道，那么团队也就不会有接下来的学习和改进，在这种情况下，错误就更有可能会再次出现。[22]

当事情进展顺利时，很容易使人产生心理安全感；但当事情被搞砸时，情况就比较特殊了。安格斯很庆幸在他年轻气盛、脾气急躁的时候，泰勒还不认识他。在麦肯锡工作的最初几年，安格斯和团队的关系很紧张。压力大、时间紧，他动不动就会大发雷霆。

有一次，安格斯要去国外出差，他让一个团队根据他走之前留下的提纲为客户起草一份报告。团队熬夜加班，终于在非常紧张的期限内完成了任务。但当安格斯出差回来审阅报告的初稿时，他非常不满意，甚至在暴怒之下，还把报告撕成了碎片。在场的每个人都心惊胆战。安格斯愤怒至极，不明白为什么这个团队没有按自己的要求去做，他都已经给他们写好了大纲，为什么他们不遵循大纲来起草？时间眼看就要来不及了，整个报告还得重新来过，简直让人绝望。

但对安格斯来说幸运的是，他的团队成员之一，一位法国工程师，之前也曾在一些难搞的老板手下工作过，而与安格斯不同的是，这位员工显然受过与心理安全和积极而有建设性的反应相关的训练。在安格斯怒不可遏地把每个人都赶出办公室的第二天，他在自己的办公桌上发现了这位工程师递进来的一个信封，里面正是安格斯最初给团队留下的大纲，上面还画了一个巨大的笑脸。那一刻安格斯才忽然意识到，团队正是依据他的大纲起草的报告。

安格斯知道他把事情搞砸了，在那阵由还没倒过来的时差所引起的愤怒里，他破坏了整个团队的心理安全感。团队成员可能已经失去了创造力、动力，以及与安格斯一起冒险的意愿，而安格斯要竭尽全力才能重新获得这一切。

这当然不是一件让人引以为豪的事情，但确实帮助安格斯在成为一名优秀领导者的路上向前迈进了不少。

20 世纪 80 年代，以色列空军设立了一项“不责怪原则”，鼓励飞行员和飞行中队如实报告飞行中发生的所有事故，其中也包括那些有惊无险的“事故”。以色列空军消除了惩罚的威胁，创造了一个安全的组织环境。在这种环境中，飞行队员们用学习代替了受罚，错误的纠正和预防措施得到了重视和加强。在这个政策被执行的 5 年中，报告事故的次数增加了，但是事故发生率却比之前降低了 50%。[23]

我们最喜欢的一句话是：学会面对失败，否则你就会失败。领导者需要对自己和同事们遭遇的失败抱有这种开放的态度。

组织中的领导者能够为员工创造心理安全感的另一个重要原因是他们拥有全局视野，在每个环节都知道究竟发生了什么事，无论事情是好是坏。丹尼尔·戈尔曼（Daniel Goleman）为员工们创造了“首席执行官病”这个词，用来描述组织里的员工拒绝传递信息给领导者的情况，当然这些被拒绝传递的信息通常都是令人不愉快的。戈尔曼在《情商 4：决定你人生高度的领导情商》一书中写道:“严重缺乏反馈的领导者通常比其他人更难接受直言进谏,尤其是当他们缺乏关于其自身表现的反馈时。当然,矛盾之处就在于,领导者在组织中的地位越高,他就越需要这种反馈。”[24] 如果领导者不了解其团队的真实表现,缺乏对自己表现的真实反馈,那么他们就不可能在工作中成长。只有当他们明确表示员工可以放心地说出自己的看法时,他们才能收到这些反馈,因此具有心理安全感的环境能够治愈“首席执行官病”。

THE JOY OF LEADERSHIP

通过建立积极而有建设性的关系来欣赏好消息,在确保心理安全感的同时谨慎地处理坏消息,这对培养成功的人际关系是非常必要的。积极而有建设性的关系有助于增强积极性,而心理安全感则有助于提高真实性。只有不断而又持续地传播积极性与真实性,个人和整个组织才能得以蓬勃发展。

Workplcae
Tactics

建立和保持积极而真实关系的职场领导策略

创建良好的工作关系氛围：招聘时，通过面试问题了解应聘者在其工作方式上如何看待“我们”和“我”之间的关系。对新同事进行迎新指导时，通过介绍一些案例与研究结果，来展示人际关系和合作的重要性。建立团队以外的社交网络，允许团队成员犯错，鼓励成员从错误中学习。绩效考核应该综合考虑成员在“努力，失败，从失败中学习”这些方面的表现。

要不断强调健康的人际关系的重要性。对此小组练习是一个很有用的工具，它可以敦促团队成员就他们生活中的良好关系展开讨论，比如：你是如何促使这份关系变得更好的？集合团队成员提到的可以改善人际关系的因素，根据团队具体情况，选择 2 到 3 种来为团队所用。

鼓励积极性和真实性：健康的工作关系应该由领导者通过亲自示范来确立。领导者通过使用本章中提到的深度倾听和积极而有建设性的反应等技能，充分关注团队的业绩以及成员所在意的问题。如果你非常了解团队成员，并且有充分的把握，那你也可以尝试与团队成员一起，检验一下自己言行一致的比例，即自己承诺要做的工作与自己实际完成的工作之间的吻合程度。鼓励团队成员努力将这个比例接近理想状态下的 1:1。

团队领导者其实还能有很多方式去培养团队成员的技能，改善团队成员的行为。可以偶尔安排一些休闲活动，如每月组织一次聚餐，让同事更好地了解彼此。尽可能鼓励同事进行面对面的交流，让团队成员都以一种积极的、全局的眼光来关注工作项目和任务，并让每个人都觉得自己是团队中必不可少的一员。在分配工作角色和任务时，选择可以信任的人，把责任转移给他们，帮助他们建立自信、培养能力。放心大胆地用自己独有的交往方式，保持幽默感和开放的心态，创造一个有趣的、安全的工作氛围，建立起融洽的工作关系。对那些不局限于日常工作、具有合作精神、保持创新性、敢于冒险的同事要予以奖励。务必与那些正在接受挑战、从错误中学习、为团队的积极性做出贡献的同事保持实时沟通。

- **建立心理安全感：**针对同事对团队或组织的心理安全感，建立一个清晰的基线图。谷歌主办了一项旨在利用数据和科学使工作变得更好的“re: Work”项目，作为该项目的一部分，艾米·埃德蒙森开发了一种测量员工心理安全感的工具。

埃德蒙森提出，为培育团队心理安全感，个人能做的三件事分别是：将工作视为一个学习的过程，而不仅仅是在执行任务；承认自己的缺陷；通过提大量的问题培养好奇心。

心理安全感通常是由一些小细节建立起来的。比如，当团队成员带着顾虑来找你的时候，你一定要留出时间来接待；坦诚、公开地表达自己的感受或承认所犯的错误，同时鼓励团队成员也这样做；当与团队成员交流一个想法或沟通一个信息，特别是一个可能使人难以接受的信息时，一定要注意交流方式，就事论事。

作为领导者，你要鼓励团队成员定期对你的领导表现予以反馈，并且你还要对这些反馈给予坚定而清晰的回应。在定期的团队会议中，加入一个“毫无保留大声讲”的环节，使同事可以在一个安全的环境中提出建议，并提供真实而积极的见解。

- **建立一种企业认可文化：**认可应该是团队互动中始终存在的重要元素，哪怕仅是一句简单随意的“谢谢你”。定期分享成功的故事，给予一些小奖励，比如，用一次聚餐来庆祝团队日益增长的业绩都要比随便评一个“年度金星”或“月度最佳员工”好得多。团队成员要加强对彼此的了解，哪怕是些最简单的事情，比如记住并庆祝彼此的生日。注意避免只肯定团队或个人的胜利，这会使员工不敢或者不愿去冒险。对个人的欣赏，尤其是对冒险和失败的欣赏，要成为绩效评估和职业发展讨论的一部分。

THE
JOY OF LEADERSHIP
07

优秀领导者的意义感来自平凡日常每一天

使命能让一个人在逆境中仍然保持快乐和坚韧，这一点贯穿人的一生。

——威廉·戴蒙（William Damon）《人生观培养》[1]

在第 3 章，我们介绍了活动家、美体小铺已故首席执行官安妮塔·罗迪克。罗迪克依靠自己的能力，清晰地表达出基于其核心价值观的公司愿景，激励着周围的人。她的公司一直致力于以社区为基础的道德贸易、保护动物和环境、倡导公平的劳动方式等，并在一个将卡通化的美丽标准强加给女性的行业里，通过发起全球性运动推动提升女性的自我意识。

罗迪克曾经说过："我所服务的公司，不仅要服务于公众，还要是公众的一员。我想要的不仅仅是投资，还有信仰。"[2] 这些话现在听起来可能不再标新立异，但在 20 世纪 80 年代，当美体小铺刚开始发展时，整个公司几乎都笼罩在革命的光环下。罗迪克的想法在当时是非常了不起的，在信息时代来临前的 10 年，罗迪克和她的品牌就能够捕捉到人们的某种集体意识。走进任何一家美体小铺店，就像是进入了一个充满崇高理想的美丽世界。在这里买化妆品，是为了唤醒人们对“臭氧层、女性的物化、海外血汗工厂，以及在动物身上测试化妆品”这些问题的关注，而在当时这些问题还没有得到太多的关注。

对罗迪克来说，资本主义所体现的并不一定都是社会达尔文主义，尽管后者主导了工业革命，认为强者理应获得财富和权力的增长，弱者理应继续衰落。罗迪克曾说：“我仍然在寻找现代社会的贵格会，他们生意经营得很成功，也赚到了钱，那是因为他们既提供诚实的产品，又善待他们的顾客。可悲的是，这个商业信条似乎早已被人遗忘了。”[3] 据说，贵格会教徒当初来到美国是为了传播美好，而最终他们的生意确实也做得很好。因此，行善和善报可以说是相辅相成。

2011 年，加州大学洛杉矶分校教授、宝洁公司前全球营销主管吉姆·斯登格（Jim Stengel）及其团队公布了一项研究结果。他们追踪了全球 5 万个消费品牌长达 10 年的业绩增长趋势，希望找到业绩增长最快的那些品牌的成功模式，而最终他们的发现让人大吃一惊。数据显示，全球业绩增长最快的品牌几乎都是围绕“提升人们的生活理念，并在其整个商业生态系统中去实现这些理念”展开的。换句话说，顶级品牌往往受更高的目标所驱动，同时其业绩表现也比其他公司要好得多。“斯登格 50 大品牌”，即世界上 50 个业绩最好的品牌都是如此，而且这些品牌的业绩增长速度是其竞争对手的 3 倍。在长达 10 年的研究中斯登格发现，对“斯登格 50 大品牌”的投资比对标准普尔 500 指数中的任何一家公司的投资，收益都要高出 400%。

斯登格在其著作《增长力》中写道：“我和团队完全没料到会是这样的结果，没想到在企业对企业和企业对消费者的电子商务领域中，以及在不同地域的不同企业之间，居然都会存在这种一致性。”“斯登格 50 大品牌”中，包括企业管理咨询公司、软饮料制造商、奢侈品服饰设计者、IT 和移动通信公司、在线零售商、酒厂、信用卡公司和巧克力制造商。[4] 虽然它们提供给世界的商品和服务种类有着显著差异，但它们坚持传递给客户的价值观却非常相似。詹姆斯 · 柯林斯和杰里 · 波勒斯在《基业长青》中，通过对成功组织的相关研究也得到了类似的结论。

这一基本真理也同样适用于个人。斯坦福大学教授威廉 · 戴蒙在其著作《人生观培养》一书中写道：“越来越多的研究发现，一个人的使命感与其整体的幸福感有着密切关联。”在“蓝色地带”生活的人们总是能够活得更快乐、更长寿，对此，丹 · 比特纳认为，目标感是那里的人们长寿和健康的关键因素之一。

THE JOY OF LEADERSHIP

戴蒙也认为，那些能为坚定的目标所驱使而奋发图强的人，往往更有能力去处理困难境况，因为他们深知自己的目标是什么，以及为什么要朝着那个目标前进，所以他们更不容易放弃。[5]

著名组织行为学家、管理学教授弗雷德 · 路桑斯在《心理资本》中写道：“看到某些人因对事业、目标或使命抱有极深的信念而坚持不懈，真是令人赞叹。”[6]

里克 · 沃伦（Rick Warren）在他的畅销书《我究竟为何而活》一书中同样提醒我们，强烈的使命感有助于安排人生中各种事项的优先级：“没有明确的目标，你就没有做出决策、分配时间和使用资源的基础，你只会倾向于根据当下环境、压力和情绪去做选择。那些不知道自己目标是什么的人，总是会忙忙碌碌却又感觉毫无收获，而这又会导致他们产生更多的压力，更加感觉疲劳和焦虑。”[7]

但是，如果我们没有幸运到为罗迪克工作，或者为某个将商业目标与有意义的追求联系起来的领导者工作呢？身处一个不太理想的公司，我们该如何从工作中找到意义呢？或者，作为领导者，我们该如何为自己的同事创造一个有意义的工作环境呢？维克多·弗兰克尔（Viktor Frankl）在其著作《活出生命的意义》中所提及的生命的意义（meaning of life）和生命中的意义（meaning in life）之间的差别，也许能解答上述疑问。

我们在第 2 章中讨论过一个误区：找到理想工作，人生才有意义。这个误区常常使许多人找不到有意义的工作，但工作在我们人生中又处于一个核心位置，于是大部分人奔波劳碌为的都是能寻觅到一份能够满足人生意义的理想工作。而不那么理想的工作，最多只是被当作理想奋斗过程中的一个短暂妥协，就像垫脚石一样会被随时丢弃。不用说，理想职业的门槛被设定得如此之高，很难让人从一份平凡的工作中获得成就感。

要降低这个门槛，关键是要认识到，我们所做的工作本身可能确实并不具有多么深刻的内在意义，借鉴存在主义的观点就是“生命本身可能都不具有内在意义”。然而有些人，尤其是那些具有内控倾向的人，却能够在他们的工作和生活中注入意义。罗迪克明白，在制造和销售化妆品或其他任何商业活动中，可能并没有太多内在意义，人们要么从所做的事情中寻找意义，要么什么都不做。但如果什么都不做，那么人们肯定会发现自己的工作和生活都很难令人满意。

为工作和人际关系赋予更多的价值与意义，是我们每个人都能做的，而这也是“10 倍领导者”正在做的。

有意义工作工具一：塑造工作

有研究表明，在工作中找到意义是可能的。该研究展示了每一个行业或者组织中员工对待工作的不同态度，有的员工将工作当作一个“饭碗”，有的将其看作一个职业，还有的把工作视为自己要履行的一个使命。

例如，医院的清洁工可以和医生一样，将自己的工作视为一种使命或者责任。当然，就在同一家医院里，也会有一些清洁工和医生只是把自己的工作当作一个“饭碗”。同样的道理也适用于美发师、工程师、教师或企业管理人员，其中一些人认为自己的工作毫无价值，而另一些人虽做着相同的工作，却把自己的工作当作是一种使命，认为其意义重大。

如果预测一下，看看在医院里都分别是谁将自己的工作当成“饭碗”、职业或者使命，那么大多数人可能会认为对工作抱有使命感的一定是医生和护士。然而，研究得出的结论并非如此。虽然医院里的一些清洁工和部分医护人员一样，把自己的工作只是当成一个“饭碗”，但另外还有一些清洁工和部分医护人员一样，将自己的工作视为一种使命，尽管这些清洁工做的事情和其他清洁工做的并无二致：清洗脏床单、拖洗走廊、给盥洗室补充物资，等等。显然，职位名称、工作内容和工作意义之间毫无关联。那些把自己的工作视为一种使命的清洁工认为，岗位职责规定的内容只是他们工作的一部分。

工作塑造这一概念源自艾美·瑞斯尼斯基和简·达顿的研究，即**通过提升工作意义来帮助人们重新定义自己的工作**。在一个组织里，任何级别的人都可以对自己的工作和工作中的自己赋予不同的意义。以下三种方法可助你找到并提升工作的意义：第一，调整你的工作任务，将更多的精力放在你更满意的任务上；第二，改变职场中的人际关系，多和那些让你对自己、对工作感觉更好的人共处；第三，运用认知重构改变你看待工作的方式。

医院里的清洁工把自己的工作视为一种使命，他们把自己的行为看作医院促进健康、治疗疾病和减轻痛苦的补充。这些清洁工会主动帮助医生、护士、病人及家属，在有人想倾诉的时候充当倾听者，竭尽所能去安慰病人和他们的家人。当护士为病人输液时，这些清洁工会帮助病人保持平静，他们还会帮访客指路。做这些额外的工作时，清洁工们并没有什么酬劳，但他们中的某些人说，恰恰是这些工作内容，成了促使他们每天早上起床去上班的动力。这些清洁工已经完全内化了来自医院的一个更宏大的目标，不是因为他们的岗位职责规定如此，不管工作内容本来设定的是什么，他们都赋予了这份工作更深刻的意义。艾美·瑞斯尼斯基和简·达顿指出："即使在最受约束或最普通的工作中，员工也会对他们工作的本质产生一些影响。"[8]

另一个认知重构的例子来自我们的客户之一，森宝利公司的迪·布莱克本。布莱克本非常害怕处理电子邮件，这也是所有工作中最令她头疼的事情之一。

"噢，老天，又收到 20 封邮件。真的，处理这些真是个苦差事，"布莱克本说，"但我告诉自己，不要忘记自己的人生目标，即无论是在家还是在公司，我都要努力帮助周围的人。为这些邮件花时间确实令我沮丧，可是当我读到这些电子邮件的内容时，我意识到它们其实都是在帮助人们建立有所助益的人际关系，而这不就是我需要为人们做的吗？我是收到了非常多的电子邮件，但现在我开始喜欢看这些邮件了，并且我还选择了一种不同的方式来做这些。如果我能一直使用正确的思考方式，那么我就可以在这个工作上花更多的时间，包括去领导和自我提高。"

相同的工作往往可以有很多不同的体验方式。有这样一个故事，一个人路过一个建筑工地，问建筑工人们在做什么。第一个工人说他在铺砖；第二个工人说他在造墙；第三个工人说他在建一座有着非凡意义的殿堂。这些都是对同一份工作完全不同的主观体验，很显然，这三个人有着非常不同的人生满意度和工作表现。

为了体验到目标感，一个人无须非得从事超乎寻常的、要去改变世界、改变人生的工作。戴蒙在其著作《人生观培养》中写道：“没有英雄壮举或者勇敢冒险的行为，你的工作也同样可以被视作一个高尚的使命。高尚的使命也许是像历史书里描述的那些拯救时代的英勇行为，但也许就存在于我们日常生活的点点滴滴中。”[9]

有趣的是，衡量职场成功的首要指标，即收入状况，似乎并不能很好地预测人们是否觉得工作有意义。盖洛普发布的《2013 年美国职场状况报告》（*2013 State of the American Workplace Report*）显示，大学学位往往能带来高收入，但拥有大学学位的员工，其对工作的投入程度却不如那些受教育程度低的员工。

一个值得注意的例外是动物园管理员的工作，这来自一项由邦德森·斯图尔特（Bunderson Stuart）和汤普森·杰弗里（Thompson Jeffery）合作进行的研究，他们在 2009 年发布了研究报告。在邦德森和汤普森的研究中，有超过 80% 的动物园管理员是大学学历，但这些管理员的平均年收入却低于 2.5 万美元。动物管理员的日常工作主要是擦洗围栏、清理粪便，他们一天要清理的动物粪便可能比大多数人一生要清理的还多，节假日和周末也不能休息。尽管工作很辛苦，但一直以来美国动物园管理员的工作机会并不多，毕竟，整个国家也就只有那么多动物园。

然而，邦德森和汤普森发现，许多动物园管理员在等待一个带薪正式职位的空缺前，就已经做了很多年志愿者。虽然大部分动物园管理员都致力于动物园保护动物的使命，但他们一致认为那只是这份工作吸引他们的部分原因。几乎所有的管理员都认为他们生来就是为了得到这份工作的。[10]

加拿大阿维娃公司（Aviva）的凯伦·斯蒂芬尼森（Karen Stefanyszyn）在2011年的一次演讲中描述过这类理想员工，她认为这类员工能让企业充满活力、获得成功，极具价值。凯伦在演讲中说道："我们想要的不是以打工为目的的人，而是那些非做这份工作不可的人。"[11] 或者像泰勒的学生，埃博妮·卡特（Ebony Carter）写到的："我们应该关注那些对人生不可或缺的东西，而不是仅仅只关注那些我们赖以为生的东西。"

停留在"目标明确生活区"

威廉·戴蒙给"目标"下了一个清晰的定义："这是一个稳定的、具有概括性的意向，旨在完成一些对自我有意义，同时对超越自我的外部世界亦有重要影响的事情。"戴蒙还对目标和目的做了重要的区分（我们接下来就会对此做出解释，尽管我们将目的看作实现目标的重要工具）。戴蒙说，目标包括"长期的奉献"和"超越自己的意义或价值"。[12]

金宝汤公司（Campbell's）的前首席执行官道格拉斯·科南特（Douglas Conant）在2012年发表于《哈佛商业评论》上的一篇文章《理想和现实结合的力量》（*The Power of Idealistic-Realism*）中强调了上述两个方面："理想的愿景激励着我们所有人。我们希望自己正朝着一个重要的、崇高的方向努力。这个简单的道理适用于组织中从前台接待到总裁的每一个人。提供一种鼓舞和激励人心的愿景，才是真正的领导者要做的真正的工作。但是，仅仅了解实现这个愿景的道路有多艰难和崎岖还远远不够，你需要知道，作为一个领导者，自己不能脱离现实，必须卷起袖子，投入到自己所需要承担的艰苦工作中。"[13]

换句话说，**除了有一个充满意义与价值感的理想，领导者还需要为实现这一理想真正地奉献**。

1962 年 9 月 12 日，美国总统约翰 · F. 肯尼迪在位于得克萨斯州休斯敦的莱斯大学发表了鼓舞人心的演讲。肯尼迪宣布，打算在 10 年内集结美国太空计划的所有资源，将人类送上月球。这在当时是个惊世骇俗的想法。在那个时候，NASA 完成的最好任务是将宇航员斯科特 · 卡彭特（Scott Carpenter）送入三个连续的地球轨道，但肯尼迪将全新的目标与更高的使命联系了起来："我们选择在 10 年内实现登陆月球和其他的一些目标，不是因为它们容易，恰恰是因为它们确实很难，因为这些目标将有助于我们整合现有的力量与技术并最大限度地使用它们。通过对宇宙和环境的新探索，通过发明学习、测量和勘查的新技术，通过在工业、医学、家庭和学校等领域普及新工具（如计算机），我们的科学与教育将能够取得快速的发展。"

肯尼迪也鼓舞和激励这支由科学家与工程师组成的队伍，去为完成这项任务而努力奉献。"我们必须要勇敢，"肯尼迪说，"我们一定能实现目标，而且会在 10 年期限结束之前提前实现。"[14]

NASA 最终完成了肯尼迪大胆定下的太空计划，尽管肯尼迪没能亲眼见证这一目标的实现。1969 年 7 月 20 日，"阿波罗 11 号"将尼尔 · 阿姆斯特朗和巴兹 · 奥尔德林（Buzz Aldrin）送上了月球。

THE JOY OF LEADERSHIP

意义感关系着我们对一件事情的感受，即是否能从中体验到个人意义，是否与我们的理想一致。奉献可以为我们做这件事情给予动力和能量，以及决定我们有多大可能会坚持下去。

在《人生观培养》一书中，根据年轻人对自己人生方向的选择，作者将他们分成了4种类型，分别是梦想家式、目标明确式、随波逐流式、饱受折磨式。我们将这一观点改绘成了一个简单的模型（见图7-1），该模型适用于任何在组织中工作的职场人。

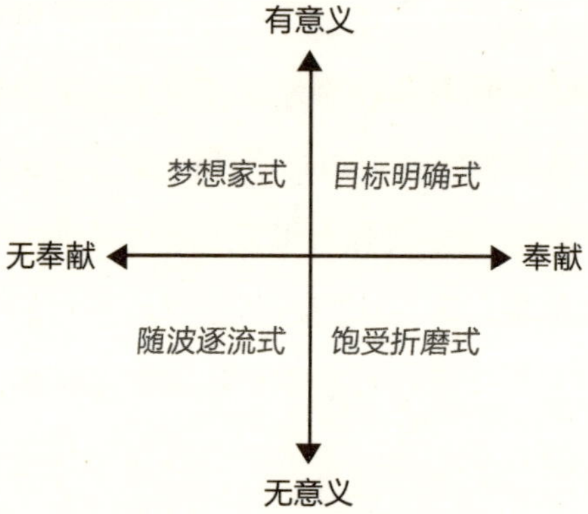

图7-1　有目标地活着

显然，没人愿意让自己的人生成为左下角的那种类型。这一类型的人只会随波逐流地做一些对自己毫无意义，并且自己也不愿意为之奉献的事情。当泰勒还在求学时，他有一段时间渴望成为一名职业壁球运动员，结果他对自己毫无兴趣的微积分之类的课程百般敷衍，天天在教室里漫无目的、无所事事。

这个模型的左上角是梦想家式，即虽然你觉得某项事业或活动对你来说有着强烈的意义感，但实际上你却为之付出甚少，也没做出任何奉献。对泰勒个人来说，这种类型在他身上的表现就是成为一名环保主义者。泰勒非常关心地球的未来，也知道做一些事情是多么重要，但除了分类回收家里的瓶子和纸，以及偶尔激情洋溢地和别人为保护环境辩论之外，泰勒并没有为此做更多。

在安格斯职业生涯的早期，他经常发现自己处于右下角区域。作为一个团队成员，为了赢得团队合作的好名声，他常常会接那些自己并不感兴趣的项目。一旦开始，安格斯就会发现自己对这些项目根本无法全情投入，工作开展得也极其艰辛，这使他丝毫没有成就感，觉得这完全是一种折磨。

今天，安格斯通过做培养领导力的工作，可以帮助人们变得更快乐、更敬业、更成功。这也让安格斯意识到自己已处于右上角区域，人生对他来说开始变得意义非凡，他也愿意为之奉献更多。能做到这个程度往往不容易，其间也会有很多困难和挑战，但安格斯很少觉得这是一种折磨，也从未觉得自己在随波逐流地生活或工作。

事实上，在今天这个飞速变革的世界里，各种各样的工作体验都在迅速发生着变化，在某些阶段，这 4 种类型我们可能都经历过。我们都有让人厌烦的家务事或者不得不去完成的工作和任务，即使我们对这些事情并不在意，也谈不上会对其有多少奉献，但我们还是会去做。

我们可能也都有一些梦想，却并没有为之付出多少努力。我们不可能把清醒状态下的每一分每一秒都用于沉浸在充满意义和奉献的辉煌之中。但是，我们可以积极主动地让自己的人生更多地停留在右上角的那片区域，我们将这片区域称为“目标明确生活区”（Purposeful Life Zone）。在那里，我们将尽可能多地与赋予我们深刻意义的理想联系在一起，并为实现这些理想心甘情愿地奉献。

有意义工作工具二：重视过程而非结果

威廉·戴蒙认为目标有两个显著特征：一是长期的奉献；二是超越自身的意义或理想。但还是面对现实吧：它们其实并没有什么实际用处。长期奉献是很困难的，在很多情况下几乎是不可能坚持下去的；而超越自身的高尚理想，就像罗迪克为之奉献的正义和自尊等，也往往抽象得让人难以理解。

我们讨论过，可以将“工作塑造”作为一个有用的工具给自己的工作赋予意义。除此之外，还有另外一些实用的工具能够用来为更伟大的人生使命去奋斗。

例如，先致力于完成一些短期的、具体的、特定的小目标，也许它们看起来没那么野心勃勃，但积少成多，最终更容易让你实现宏大的人生目标。

1993 年美体小铺实现了在自己全部生产线上取消所有动物实验的短期目标；3 年后，该公司在一份请愿书中收集了 400 万个签名，要求禁止在欧盟范围内对动物进行化妆品测试，该禁令于 2004 年生效。类似的情况还有，肯尼迪定下了在 10 年内让人类登上月球的目标，这为 NASA 的员工和其他许多人赋予了一种深远而强烈的使命感。

我们设定的目标并不一定都得如罗迪克和肯尼迪的那样非同凡响，我们也不可能每时每刻都在实现一个伟大的使命，但我们可以**建立一个短期目标并为之努力，这能让我们在日常活动中更加投入、体会到更多的意义**。

然而在实现目标的过程中，最大的挑战恰恰出现在目标设定阶段，我们常常会误把一些具体的小目标当作自己的重大目标与追求。

我们在第 2 章讨论过丹尼尔·吉尔伯特对那些参评终身教职的教授的幸福度的研究，研究表明，对那些被访者来说，实现目标也只能为自己制造一个短暂的快乐高峰。其他的一些研究也同样表明，自我关注型的目标，比如获得奖金或加薪、赢得销售竞赛或升职，在实现之后往往并没有产生预期的幸福与快乐，反而很可能会让人感到失落甚至失望。

那么我们要如何在生活中不断发掘人生意义感？答案是，我们要改变自己对目标的期望值。与其将目标视为一个终点，不如将“实现这些目标的过程”视为我们快乐的源泉。我们需要把这些目标看作一种手段，要明白，如果这些目标符合我们的理想，那么在追求它们的过程中我们就会感觉到快乐。

虽然这似乎有点自相矛盾，但确实如此：**目标是一种手段，而过程就是目的**。精心设计的目标为我们提供了一份路线图，帮助我们享受当下，享受为实现这一目标而努力的过程。目标帮助我们把精力集中在那些我们认为最有意义的事情上，并使我们充分利用沿途所遇到的每个机会。到达目的地当然是令人满意的结果，但幸福感的主要来源还是通往目的地的这段过程。心理学家大卫·沃森（David Watson）说：“对幸福至关重要的是追求目标的过程，而不是目标实现的结果。”[15] 就像泰勒在其著作《幸福的方法》中指出的：“让人感觉幸福的并不是抵达山顶，也不是毫无目标的攀爬，而是向峰顶前进的过程。”[16]

SHARPening Moment

目标

- 明确自己在工作和生活中，哪些事能让你具有本章所定义的“意义感”与“奉献感”。
- 尝试制定策略，把更多的时间用在那些令你有目标感的事情上，少浪费时间去做白日梦或无意义的活动。
- 如果你发现自己不得不去完成那些对你来说毫无意义的工作，并为此饱受折磨，那就试着用些方法从工作中找到更远大、更有意义的目标，来重新塑造、构建你的职业。还记得布莱克本的方法吗？她最终成功地用那种方法将查看电子邮件视为一种帮助引导和发展他人潜能的工具。

- 将自己已经取得的成就以及将要实现的个人与工作中的重要目标记录下来。一定要避免好高骛远，把每一个目标都设计成能够帮助你实现更远大目标的阶梯。

有意义工作工具三：利用故事的力量

瑞斯尼斯基和达顿的团队是从故事中了解到医院清洁工的工作态度的。也许他们当时并没有意识到，清洁工们正是将自己作为主角，来讲述他们在医院里的奉献与成就的。

故事是人类最古老的艺术形式之一，也是人们与周遭广阔天地建立连接的最强大的方式之一。作为孩子，我们通过听故事来构建认知、技能和道德情感，当我们成熟后，故事将帮助我们理解自己所处的文化，理解这个世界以及生活的意义。我们的大脑将经年累月遇到的每一桩孤立的事件都连接起来，形成一种叙事方式，来解释这个地球上的我们是谁、我们要做什么。

用美国著名历史学家、哈佛大学前校长德鲁·吉尔平·福斯特（Drew Gilpin Faust）的话来说就是："我们用自己讲述的人生故事创造了自己，这些故事让那些常常看起来是偶然发生的事件具有了重要的使命和意义。当我们审视自己的过去，努力向自己解释自己是谁的时候，我们发现或者说发明了在故事中呈现的我们一以贯之的动机、特征模式、价值观与自我意识。"[17]

瑞斯尼斯基和达顿以及越来越多的研究人员发现，讲故事可以让自己或同事在工作中发现深远的目标，其作用令人惊叹。沃顿商学院管理学教授亚当·格兰特 22 岁在密歇根大学读研究生时，曾在一个为大学筹款的电话呼叫中心做了一项研究，这个中心的电话募捐员都是由在校学生兼职担任的。

电话募捐员可能是你所能想到的最没什么吸引力的工作之一，这是一项重复性强且需要你投入情感的工作，工作人员每天都会受到侮辱或者被武断地拒绝。他们的经理尝试了各种激励措施来调动工作人员的积极性，包括设立竞赛和奖金，但收效甚微。

格兰特在研究中也尝试了不同的方法。他安排了一个应届毕业生来筹款中心，这位同学当初正是因为中心的筹款而获得了奖学金资助，才能就读于这所大学并得以毕业。这位毕业生和电话募捐员们见了面，讲述了奖学金是如何改变了自己的人生历程的，并对电话募捐员的工作表达了感激之情。

结果连格兰特都对这次会面的成效感到惊讶。调查显示，在那名毕业生访问中心的一个月后，电话募捐员们的工作时间增加了142%，募集款项增加了171%。随后的一项研究显示，整个中心的收入增长了不止400%。[18] **很明显，有意义的故事能给工作赋予情绪和金钱上的价值**。

近几十年来，讲故事已被纳入了企业战略规划领域。在20世纪90年代，3M公司尽管在产品开发、销售和营销方面有着很强的讲故事文化，但对于战略规划的制订，还是按照传统的目标任务清单式进行，比如，“增加25%的市场份额”“增加30%的利润”等。3M公司的一位经理决定改变这一情况，把要点变成故事，用讲故事的方式将其展示出来。最终这位经理成功了，他的方法也在公司内外被广泛传播。

1998年，3M公司的领导者团队在《哈佛商业评论》杂志中谈到了这一变化，他们说：“如果我们在做战略规划时使用的都是公文式的腔调，将一些现成的理念打包给别人，那么无论我们怎么写都不会有效果。因为写作本身就是一个思考的过程，而那些冷冰冰的项目编号只会让我们忽略掉思考步骤并可笑地以为自己知道要干什么，而事实上我们只是排列组合了一些装模作样、看得过去的待办事项而已。”[19]

同样，**故事也可以帮助个人对未来设定一些有意义的小目标**。许多绩效管理体系和培训项目都会涉及制订未来目标与计划清单，但通常都很枯燥，其结果往往也没有什么鼓舞性。而一个故事，可以将当下或未来计划要实现的具体改变与自己设定的长远目标联系起来。因此，我们强烈建议你为自己撰写一个故事，你来做主角，而故事的发端就从今天的你开始，你要去往一个由目标所指引的未来（见图 7-2）。

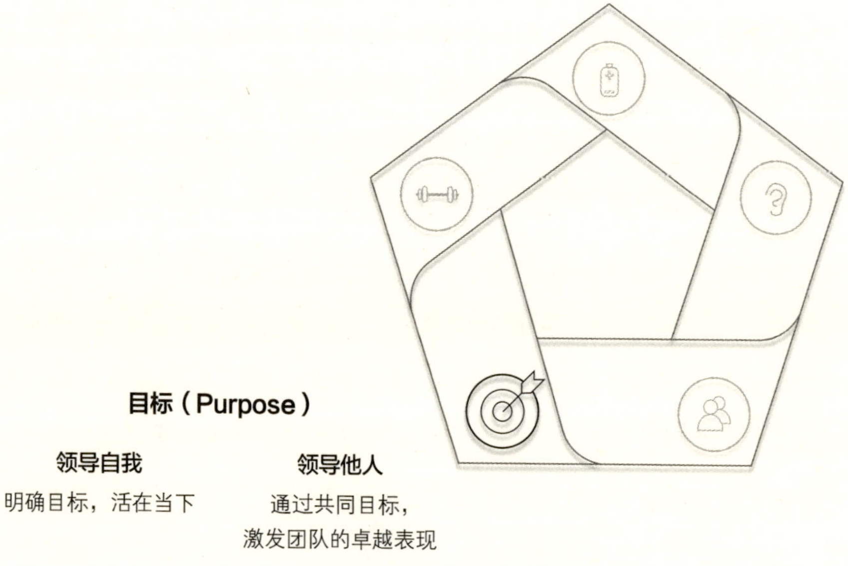

图 7-2　SHARP 模型之目标（Purpose）

但我们不鼓励幻想。正如获奖编剧罗伯特·麦基（Robert McKee）曾经在《哈佛商业评论》杂志中所说的：“你绝对不想看到一个故事从头到尾都是顺风顺水的，这样编故事既枯燥又无聊。人们喜欢看的是在美妙的理想与不堪的现实之间的斗争。”[20]

电影《风云人物》中，如果主人公乔治·贝利（George Bailey）只是策马飞驰于一场接一场的胜利之间，那么这部电影就不能叫“风云人物”了。当书写自己的故事时，你需要预见并描述自己可能会遇到的潜在挑战，并找到战胜它们的方法。通过对困难和障碍的设想与描述，你才能写出并活出勇于冒险的职业生涯。

团队管理：与员工共享目标

对于强调员工可以自己在工作中创造意义的这个观点，简·达顿在2013年的一次采访中就指出这里面其实有一个潜在问题：“人们会认为这是纵容组织榨取员工的劳动力，即我给你一份糟糕的工作，就看你怎么把它变成一份好工作，怎么从中自己找出意义来。”[21]

一个好的领导者肯定不会允许自己的团队出现这种形式的剥削，而是会与员工一起共同书写他们自己的故事。

正如《领导力》一书中写的：“领导者的活力不是来自什么特殊权力，而是来自对一个使命的强大信念，以及表达这种信念的强大意愿。”[22] 通用电气公司和《财富》杂志的前首席执行官杰克·韦尔奇补充道：“那种以为比自己的员工多了解一点就能成为老板的领导理念，已经过时了，未来的领袖往往是通过设立一个愿景、一个共同分享的价值观以及一个共同使命来领导员工的。”[23]

如果领导者希望自己的团队或组织能够齐心协力实现共同愿景，那么最好遵循以下4个重要原则：

1. 领导者必须帮助员工让他们将自己的工作与组织的远大目标联系起来。盖洛普 Q12 问卷的问题之一就是："你所在公司的责任 / 使命是否让你觉得自己的工作很重要？"当人们觉得自己在做有价值的事情时，他们往往是最快乐的，一个崇高的使命感对于提升员工在职场中的幸福感、投入度和忠诚度都至关重要。正如亚当·格兰特的研究证明的，将员工团结在共同愿景和崇高使命之上的领导者，往往能够大幅度地提高团队或组织的生产力。

2. 为了激励员工奋发图强，必须给员工提供适度的挑战。《基业长青》一书指出，高瞻远瞩的公司会为自己设定"远大的、冒险的、大胆的"目标。[24] 肯尼迪总统提出的载人登月的目标就符合这一性质。但同样很重要的一点是，公司对目标的设置也要遵循可获得性，如果制定的目标远远超过员工能力所及的范围，那么只会令人沮丧，适得其反。

   也许让一个大胆的目标变得可实现的最有效的方法是，将这个大目标拆分为若干个小目标，这是埃伦·兰格的研究验证过的方法。埃伦·兰格说："尽管远大的目标看上去高不可攀，攀顶的道路也险峻异常，但人们完全可以让自己一小步一小步、循序渐进地抵达目的地。"[25]

3. 一个目标或愿景必须以一种积极的方式传递给他人。对此我们经常举的例子是两位行事截然相反的美国领导人：前总统吉米·卡特和罗纳德·里根。卡特被许多人认为是 20 世纪最聪明的美国总统之一，他在 20 世纪美国最动荡的时期当选为总统。1977 年上任之后，卡特帮助美国在几个重要的外交政策谈判中都取得了胜利，包括签订了历史性的《戴维营协议》(*Camp David Accords*)，与苏联签订了《第二阶段限制战略武器条约》(*Strategic Arms Limitations Talks II,* SALT II)。但现在，卡特能够被人们铭记的却可能是其在 1979 年 7 月 15 日发表的题为《信任危机》(*Crisis of Confidence*)的演讲。显然，这一演讲的目标是号召美国人帮助解决当时的能源危机，但卡特的演讲腔调却非常丧气，此外还带着训斥的口吻。

卡特在演讲中说："我们中的很多人，现在倾向于崇尚自我放纵和消费主义，每个人的身份不再由这个人做什么来决定，而是由他的财产多少来决定。"[26] 不出所料，没人在乎卡特总统的"唱衰言论"，更没有人因为他所传递的使命感而受到鼓舞，因为那个使命感所具有的意义已经由于他对听众的负面评价而大打折扣了。

这个令民众不舒服的演讲过去没几周，卡特就在和罗纳德·里根对峙的总统竞选中败北。里根对美国的看法显然更加乐观，他总是强调美国人民有多么伟大，在形势一度严峻的时候，里根也总是用其充满希望的话语鼓舞民众。同时里根也是一个出色的会讲故事的人，他的语言非常有感染力，而且他还很擅长拿一段奇闻逸事或用恰到好处的精辟见解来化解反对意见。即使你不同意里根的观点，也很难不喜欢他。与卡特不同，里根在1984 年赢得了连任。

4. 使命感的有效传递方式就是去实现它，让话语转化为行动。正如甘地曾呼吁的："去实现那些你想在世界上看到的改变。"不管说出来的语言有多么积极，或者讲述的故事有多么打动人，都是不够的。如果言语没有伴随着行动，那么最后只会得到大家的冷嘲热讽。

行动比语言更响亮，这是众所周知、老生常谈的，但出于某种原因，这一点还是经常被人们忽视。1875 年拉尔夫·沃尔多·爱默生在他的随笔《社会目标》（*Social Aims*）中写道："你的行动已经完全代表了你，其声势浩大到我根本听不到与之相悖的任何言辞。"

有远见的领导人首先会以身作则，他们每天不仅会用语言，同时也会通过他们的形象与行动来展示超越一己之利的愿景和抱负。

Workplcae Tactics

创造有意义工作体验的职场领导策略

创造一个超越商业的文化氛围：人们是由一种愿景和价值观所驱动的，这种愿景和价值观能让人们觉得自己所从事的事情高尚而重要。这样的愿景当然是由公司高层来制定，而团队领导则需要负责将这一愿景规划成清晰的工作内容，然后分配给共事的同事们。工作计划、业绩目标和项目范围都应该建立在这些价值观和远大目标的基础之上。团队领导者应该树立起这个榜样，努力为实现公司的共同目标而做贡献。

招聘新同事时，可以通过以下问题寻找那些在工作中寻求意义感的人："工作中，什么样的事情会让你觉得有意义？在我们的工作中，你真正关心的是什么？"给新同事做迎新指导时，把他们认为有意义的东西与组织和团队中更长远的目标联系起来；新组建的团队要培养起共同的愿景和价值观，目标既要明确，也要与公司的长远目标相一致；绩效合同和业绩评估要考虑员工个人使命感和工作成果之间的关联。

尽管大多数公司都有各种各样的社区外展项目，但具体到一个团队也可以将团队成员团结在自己的外展活动或社会责任项目周围，比如可以举行慈善长跑活动或社区服务活动。团队应该尽可能地选择与公司目标和价值观相一致的拓展活动。例如，一家制药公司的工作团队可选择去医院做志愿者，传递爱心。

工作重塑，将意义和奉献最大化：转换对工作的认识可以通过很多种形式。还记得瑞斯尼斯基和达顿研究中的那些医院清洁工们吗？只局限于自己分内职责的人，在工作中是不太可能找到多少意义的。作为一个集体、一个团队，除了要确定成员认为没有意义的工作，也要认真考虑什么工作是成员喜欢的、觉得有意义的？什么活动能助成员达成人生中更远大的目标？这其中涉及对个人优势的利用吗？在这类工作任务上团结一致，能够让成员更积极地对待工作，或者更明确地将自己的工作与组织的愿景联系起来吗？从以上角度理解工作任务，能改变或转换成员对这些任务的看法吗？

记住本章提到的3个重塑工作的方法：改变工作任务；改变职场人际关系；认知重构以改变看待工作的方式。那么现在就与同事一起，去发现哪种方法最适合自己吧。

团队领导也可以开设工作坊，帮助员工发现自己的人生目标。在这类活动中，可以通过向团队每个成员提问，逐渐构建成员在工作与个人生活中的长远目标。应该与成员在具有深远意义与使命感的层面上，进行关于其个人职业生涯发展的对话。对成员的培养计划也不应该只局限于其当前的分内职责，还要关注其在岗位以外可以探索的更广阔的领域。

- **设计恰当的目标**：合理而适当的工作目标是实现更广阔的人生目标以及获得快乐的手段，所以要精心设计这些目标。作为团队领导者，你可以通过向成员们分享自己的年度目标，以及你在制定这些目标时所进行的每一个选择来做示范；确保团队成员能够联系更深刻的使命感，为每个工作任务设计具体目标，而不是只关注数字或其他数据；鼓励团队成员也为他们的个人生活和工作设定目标。

- **讲述正确的故事**：团队应该书写属于自己的故事，讲述他们为什么要做自己正在做的事情，以及做这些事情为什么很重要。确保团队成员能够围绕这些故事加强对整个团队任务的理解和信念。当你向别人讲述这个故事的时候，确保能够将信息准确而恰当地传达给目标受众，比如股东、批发商或者零售商，最大限度地影响对方，以提升合作效益。

THE
JOY OF LEADERSHIP

08

SHARP 相伴，静待成功

去发现一种能够容纳混乱的形式，这是艺术家的任务。

——萨缪尔·贝克特（Samuel Beckett）

现在我们已经构建了由优势、健康、专注、关系以及目标组成的 SHARP 模型，并且逐项进行了详细的阐述。一方面确定了其中每项都具备让人们卓有成效地幸福生活的价值，另一方面也明确了当不具备这些因素的时候，个人和组织所要付出的代价。

你可能已经注意到，我们并不是发现并拓展 SHARP 模型的首创者，我们在前几章所提及的那些杰出的商业领袖、心理学家和研究人员已经就这五项因素的重要性以及如何培育它们进行了广泛的论述。

你可能还注意到，我们是以一种离散型的顺序，用首字母缩写的形式，即 S、H、A、R、P 将这五项因素连接在一起的。思想家和研究人员倾向于通过对研究领域和学科进行严格的分门别类来解决复杂问题，这是一个常见策略。

确实，对这些问题分别进行深入研究非常有价值。然而，正如我们所指出的，在这个飞速变革的世界里，孤立地看待问题，是需要付出代价的，但如果把这些概念简单归类，我们又会失去系统思考的机会，无法把不同学科、不同想法有机结合起来以使其效果最大化。

好消息是，即使你只想单独培育 SHARP 模型中的某一项，你也会发现这其实是不可能的。在包括你、你的工作、你的家人、朋友和同事在内的复杂系统中，你会发现培养或忽略这个模型中的任何一项，都可能会对其他因素的发展产生深远影响。

成为“10 倍领导者”的下一步就是整合我们在 SHARP 模型中所介绍的那些真知灼见与相关技能，并将它们与你在职场内外的发展相结合。20 世纪 90 年代后期，IT 界出现了一个用来描述在高度互联的系统中偶尔发生大规模连锁故障现象的术语——级联失效。这个术语很新，但其描述的现象，即一个组件的故障会触发其他多个组件的相继失效，从而引发连锁反应，最终导致整个系统都崩溃的现象，并不是术语出现后才有的。“级联失效”现象经常出现在电网领域，如 1996 年，俄勒冈州的一条输电线路发生了故障，其他线路由于负荷增加后来也相继出现了故障，最终导致美国西部和加拿大大部分地区的数百万用户断电。

在工作中，我们也许并不会遇到一连串失败，但一旦遇到，就会很悲惨。多纳尔·斯凯恩是一个名厨，也是一个工作狂。他吃得不好，睡得也很少。由此多纳尔的健康状况每况愈下，以至于他最后彻底倒在了越南医院的病床上。多纳尔无法再发挥自己的优势，除了慢慢康复之外，他无法再去关注和培养病房外的一切人际关系，无法再去追求任何一个比保持身体健康还重要那么一点点的人生目标。多纳尔的工作和生活戛然而止。

我们遇到的大多数失败案例都比较微妙，SHARP 模型中任何一个因素的衰退或被忽视都会对其他项产生不利影响。如果你将所有的时间都拿去培育自己的优势，那么你势必会感觉自己越来越有动力，并也会在短期内提升自己的表现。但如果你在职场中不与别人交往，或者在工作中没有目标感，那么你可能只会孤零零地完成任务，并错失一些重要的机会，因为这些机会只有通过合作或者对自己心之所向的事情时刻保持专注才能获得。如果你只专注于变得更健康，那么你势必会获得更多的能量，但如果没有一个使命或者目标去引导这些能量，那么你又会发现自己很难持续保持动力，很可能在工作中变得越来越随波逐流。而且因为不像其他团队成员那样投入、能够团结于一个共同愿景和目标之上，你的人际关系也会因此受到影响。可想而知，这五项因素也会彼此拖累，让你的幸福感和职业生涯一起坍塌。

如果你只是维持 SHARP 模型中的某一些，而忽视另外一些，那么你的健康或事业无论如何都可能会受到影响。在工作中有很强的目标感，同时也能增强自己的优势、维护身心健康、保持专注，但与此同时，却无法维系一个良好的职场人际关系，这在现实中是非常有可能出现的情况。这样的人也确实存在，他们通常都是“明星员工”，但他们却根本不相信相互支持或良好的工作关系是成功的必要条件。杰克 · 韦尔奇就会解雇这种“明星员工”，不管他们的个人成绩如何让人啧啧称赞。韦尔奇不想要这种根本不在乎他人的员工。全球著名的互联网电视网络公司奈飞（Netflix）也明确表示，尽管一些公司能够容忍“聪明的混蛋”，但奈飞不愿雇用他们，因为与这类人进行团队合作的成本太高。

在明确究竟是什么造就了一个“10 倍领导者”的问题上，我们是非常谨慎的。我们并不只是简单地去考察那些高效的领导者，把他们的个性特征勉强塞进一些让人抓狂的、人们根本难以企及的公式里。我们之所以选择构成

SHARP 模型的因素，并不是因为它们能形成一个巧妙的缩写，而是因为我们发现，高效的领导者经常将这些特征结合使用，从而取得令人骄傲的成绩。换句话说，**“级联成功”是 SHARP 模型中各因素共同作用的结果**。

协同效应：整合 SHARP 模型

一开始我们对使用“协同效应”这个词是有些犹豫的，因为在当今泛滥的流行词汇中，它已经变成了最令人厌烦和最容易被误用的术语之一。但在 SHARP 模型中，当五项带来效率倍增的因素结合起来相互作用时，产生的整体效果却能大于它们各自效果的总和。因此，“协同效应”能完美地描述 SHARP 模型中各因素相互给力的方式，正是这一方式，真正地实现了一个人幸福感和领导表现的成倍提升（见图 8-1）。

比尔 · 乔治是我们发现的最有魅力的领导者之一，他是哈佛大学的教授，也是我们在第 6 章介绍过的美敦力公司的前首席执行官。1991 年到 2001 年，在乔治领导期间，美敦力公司的市值从 10 亿美元增长到了 600 亿美元。自那以后，乔治便成了集商业领袖、导师和畅销书作家于一身的领导者。

乔治把他的成功大部分归功于他保持了几十年的每周聚会。每周三上午，他都会和一群工作之外的好朋友们聚在一起，谈论各自近况，分享彼此遇到的令人开心或沮丧的事情。乔治说，这些老朋友们不仅会帮他认识到自己不光是一个企业高管，还会帮助他厘清自己的想法和价值观，这帮他做出与工作相关的重要决定，即使聚会时的交谈与工作无关。“长久的关系，”比尔 · 乔治写道，“建立在情感连接的基础上，建立在愿意为实现共同目标而努力的基础上。每个人都有自己的人生故事可以和你分享，只要你愿意真诚倾听、坦诚回馈。通过对彼此人生故事的分享，我们可以与同事建立起信任与亲密的关系。”[1]

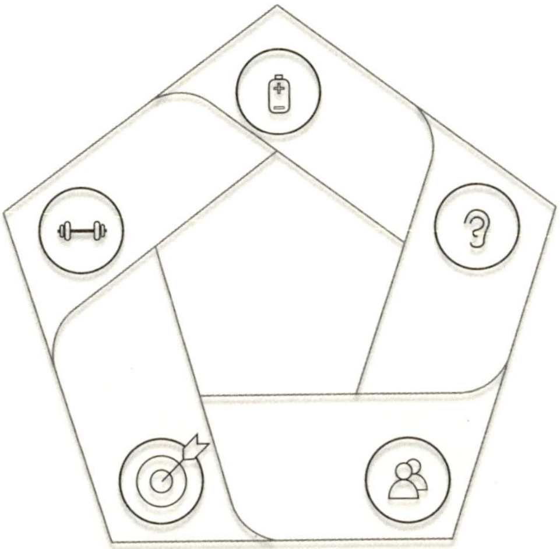

健康（Health）

领导自我

管理好自己的健康和精力去迎接压力

领导他人

创造积极的环境，使团队的积极能量和恢复力最大化

优势（Strengths）

领导自我

了解并利用自己的优势和热情达到个人最佳表现

领导他人

让团队建立在优势互补的基础上

专注（Absorption）

领导自我

对你正在做的每件事都要更加用心

领导他人

通过积极倾听，让他人充分展示自我

目标（Purpose）

领导自我

明确目标，活在当下

领导他人

通过共同目标，激发团队的卓越表现

关系（Relationships）

领导自我

培养积极真实的人际关系

领导他人

培养创造力和创新力的心理安全感

图 8-1　带来效率倍增的 SHARP 模型

乔治在自己的博客上写道，与好朋友的聚会帮助他度过了人生中最艰难的时期，包括他的妻子佩妮被诊断出患有乳腺癌并接受治疗的那几个月。乔治非常信任自己的妻子佩妮。佩妮是一位心理学家，专长于综合健康和康复治疗，正是佩妮帮助乔治培养起了正念和健康理念。2016 年 3 月乔治在接受

《赫芬顿邮报》采访时表示:“有前途的公司能意识到员工健康对其生产力和适应力的重要性，因此这类公司会向员工强调应保持健康营养的饮食习惯、科学规律的作息时间。”[2]

1975年，乔治在佩妮的带领下，第一次进入了超验冥想工作坊。今天，乔治已经是职场中最著名的正念倡导者之一了。乔治曾经常常一个人躲在紧闭的办公室门后悄悄冥想，但现在他每天2次、每次20分钟的冥想再也不背着人了。2015年2月乔治在接受美国广播公司采访时表示:“就保持冷静方面，冥想对我的帮助真的很大……要想成为一个成功的领导者，你除了需要做到真实、脚踏实地，还需要保持专注。”[3]乔治在哈佛大学的领导力课程中，要求学生通过冥想或在日记中回答内省问题来练习自我观照。

在2012年发表于《哈佛商业评论》的一篇文章中，乔治认为，专念力既有助于加强人际关系，同时也有助于创建一个强大的共同使命感。“融合专念的领导方式将帮助你更清楚地认识到什么对你是重要的，同时也能使你更深入地理解周围的世界，”乔治在文中写道，“专念能帮助你清除无谓的琐事，避免不必要的烦恼，培养对工作的热情和对他人的同情，让你能够逐渐放权给员工。”[4]

比尔·乔治是花了数年时间才得出这个结论的。他的职业生涯始于那种由权力和恐吓为主导的职场文化。随着时间的推移，乔治发现，这种文化所产生的恐惧不仅会使下属变得担惊受怕，也会使领导者变得越来越不真实。2015年乔治在一篇文章中写道:“适度示弱，才能和别人建立起真正的情感连接；保持开放，不怕暴露真实的自己，才会持续保有专念的力量。”[5]

在我们研究的近现代所有领导者中，也许没有哪个比凯瑟琳·格雷厄姆（Katharine Graham）更脆弱，也更坚强的了。凯瑟琳是《华盛顿邮报》的前出版人，经历了美国历史上最动荡的 10 年。最初，掌控一家报纸并不是凯瑟琳想要的。1946 年，凯瑟琳还只是《华盛顿邮报》当时的主宰者——菲利普·格雷厄姆（Philip Graham）身后的全职主妇。1963 年菲利普死后，凯瑟琳很不情愿地接手了《华盛顿邮报》及其姊妹杂志《新闻周刊》一把手的职务。作为公司的控股股东，凯瑟琳知道自己别无选择。

后来凯瑟琳在其获得了普利策奖的回忆录《我的一生略小于美国现代史》中坦率承认，她是个不那么灵活并且缺乏安全感的人。作为一名富有的华尔街高管的女儿，凯瑟琳从小接受的教育是要成为一名贤妻良母和擅长举办晚宴的贵妇。当她 47 岁接手出版人这个角色时，凯瑟琳还对商业一无所知。在回忆录中，凯瑟琳提到其金融导师沃伦·巴菲特是如何教会她读资产负债表的：资产在左边，负债在右边。巴菲特后来回忆起当他看望凯瑟琳时，看到她办公桌上还放着一张纸，上面写着："资产在左边，负债在右边。"而那时已经是凯瑟琳接管《华盛顿邮报》10 年之后了。

起初，凯瑟琳在《华盛顿邮报》的高管们面前显得非常害羞，她甚至羞于向记者们发表讲话。但让凯瑟琳自己都感到惊讶的是，作为《华盛顿邮报》的出版人，她有一种不可动摇的道德责任感。在许多美国人质疑《华盛顿邮报》不够正直与诚实的时候，凯瑟琳决定，她的报纸要将真相原原本本地报道出来。凯瑟琳聘请了她所能找到的最好的记者，与他们一起分享她的正义愿景，并支持记者们的决定，即使面对大量的反对意见，她也坚定地站在记者们的一边。1971 年，凯瑟琳和执行编辑本·布拉德利（Ben Bradlee）向美国最高法院上诉，不顾尼克松的白宫禁令，发表了五角大楼关于越战的"绝密文件"。1972 年，当记者鲍勃·伍德沃德（Bob Woodward）和卡尔·伯恩斯坦（Carl Bernstein）准备好揭露"水门事件"丑闻时，凯瑟琳的律师和会计师们都建议不要发布这条更为震撼的消息，他们纷纷警告凯瑟琳，这样做可能会导致报社关门。

但是，让公众了解尼克松政府罪行的责任远远超过了对报社前途的担忧，凯瑟琳决定发布这篇报道。这个决定让凯瑟琳赢得了所有员工坚定的支持和极大的钦佩，也确立了《华盛顿邮报》作为那个时代最杰出的新闻媒体的地位。得益于《华盛顿邮报》的受欢迎度，华盛顿邮报公司的利润从1975年到1985年每年都会增长20%。[6]

2001年7月17日，凯瑟琳的讣告刊登在《纽约时报》上。文章称，她"将《华盛顿邮报》从一份平庸的报纸转变为一家美国重要的机构，在这个过程中，她也从一个孤独的寡妇变成了一个出版界的传奇人物"[7]。我们最感兴趣的是，凯瑟琳是一个后天被打造而成的领导者，而非一个天生的领导者。她并不具备显著的经验和技能，却被放在了一个领导者的位置上。但是好在凯瑟琳发现了自己最大的优势，并利用这一优势为自己的出版帝国设置了一个崇高的目标，然后再用这个目标来吸引她能找到的最优秀的人才，并与他们建立真诚和积极的关系。

2004年，比尔·乔治发表了一篇名为《真实之旅》(*The Journey to Authenticity*)的文章，文章内容很容易使人联想到他写的可能是凯瑟琳·格雷厄姆："作为领导者，你必须拥有一个基本素质，那就是在每一个方面都做真实的自己。最好的领导者都具备自主性和较高的独立性。那些对他人的欲望过于敏感的人，很可能会被利益冲突所打败，因为他们太急于偏离自己原本的路线，或者由于担心冒犯他人而不愿在艰难关口做出决定。对于那些接受我指导的人，我的建议就是：做你自己。"[8]

这同样是在写美国西南航空公司（以下简称"西南航空"）近乎传奇的创始人兼前首席执行官赫布·凯莱赫（Herb Kelleher）。凯莱赫和合作伙伴们最早是在圣安东尼奥一家餐厅的餐巾纸上起草他们的商业构想的。1971 年，西南航空开始运营时，整个航空行业的发展环境并不比今天的好到哪里：竞争对手比比皆是；管理费用和资金占用高得惊人；客户群对价格高度敏感；经济繁荣与萧条周期常常无法预测。

但西南航空的创始人们在这个几乎被客户普遍厌恶的行业里，还是看到了很多可改善的空间。他们决定在这个竞争激烈的市场上开创自己的市场：搭载短途旅客；停靠小型机场；用更低的成本，快捷准时地运送旅客。

作为首席执行官，凯莱赫非常好地优化了其公司简单实用的服务方式。凯莱赫有趣、真诚，常常还挺古灵精怪。凯文·弗莱伯格（Kevin Freiberg）在 1996 年出版了讲述航空公司历史的著作《坚果!》（*Nuts!*），其书名就取自西南航空在自家飞机上只提供袋装花生米，以代替昂贵的（通常也是糟糕的）航空餐的这一事实。凯莱赫还非常明显地表现出他对人际关系的重视与投入。对公司的每个人，从行李搬运工到基层管理人员，凯莱赫都乐于与其交流，哪怕只是简单地聊几句家常。凯莱赫经常在西南航空机场候机区域的员工和乘客间穿梭、闲聊、开玩笑。人们看到凯莱赫在登机口向乘客分发甜甜圈，在航程结束后帮助清理机舱，卸下行李，以促进飞机尽快开始下一段航程。一直到 2008 年退休之前，凯莱赫都是罗伯特·格林利夫“仆人式领袖”的完美榜样。

凯莱赫从来没有把自己凌驾于员工之上，他总是尽力避免其他企业领导通常都会享受的特殊待遇。例如，凯莱赫从来不为自己或其他西南航空的高管选乘公司专机。他要么与乘客一起飞行，要么自己出资包下一架专机，搭载团队抵达目的地。而那些惯于享受的领导者，每当想和员工搞好关系时，往往都会显得不那么真诚。

和员工打成一片并分享自己的愿景，显然是凯莱赫最享受也是最擅长的，所以凯莱赫能够完全专注于自己的工作，而他的员工看到这一点时，也往往会有同样的感受。凯莱赫和他的员工们是共同努力实现西南航空深远使命的朋友，《福布斯》杂志因此称凯莱赫是美国最好的首席执行官。在2013年接受《福布斯》杂志采访时，凯莱赫讲述了一段他曾经与一个机坪操作员的对话，对方说："赫布，我算是明白了，你在这儿把工作搞得轻松有趣，可能对你来说回家才是上班。"[9]

自1972年以来，西南航空每年都在盈利。到了21世纪初，它的市值已经超过了美国所有其他主要航空公司的总和。

西南航空公司的飞机上装饰着大幅画作，空乘人员会讲老套的笑话，唱着千篇一律的歌来播报机舱信息。这一著名的企业文化，让身在其中的员工保持放松的同时，对工作也能很严肃。西南航空公司是美国所有航空公司中安全记录最好的公司之一。自从1971年公司开始以"西南航空"这个名字运营以来，只有一起地面伤亡事故。1987年美国运输部开始跟踪客户满意度，自那时起，西南航空一直是乘客投诉率最低的航空公司。[10]

一些西南航空的员工很喜欢和凯莱赫在一起，所以他们愿意把整个职业生涯都奉献给西南航空。20世纪60年代，当凯莱赫还在美国新泽西州当律师时，科琳·巴雷特（Colleen Barrett）曾担任其行政助理。科琳于1978年开始在西南航空工作，并稳步晋升，2001年至2008年担任公司总裁。在科琳卸任的前几天，她在宾夕法尼亚大学沃顿商学院做了一次演讲。演讲中，科琳讲述了这么多年来驱使她和那么多人努力为美国西南航空工作的使命感。科琳说，1971年，公司刚开始运营时，只有大约13%的美国人乘坐飞机，而那13%的美国人几乎都是男性商务旅行者。

“我们想给整个美国自由飞翔的机会，”科琳说，“我们想帮助人们实现他们的梦想。”因为有了西南航空，祖父母每年都可以去探望他们的孙辈；科琳还经常收到来自离异父母的感谢信，感谢空乘人员在途中帮助照看他们的孩子；一些计划开设公司办事处的人也会发来电子邮件，询问西南航空是否计划为某个城市提供飞行服务，因为不清楚是否能搭乘西南航空的飞机，所以他们没办法决定是否在那个城市开设办事处。科琳收到过很多结婚请柬：情侣两人异地多年，因为经常乘坐西南航空的航班，而能维持感情的稳定。科琳说：“赫布曾经会去参加所有的婚礼，去见所有的新娘，而我的任务则是为所有的新人买结婚礼物。”

正如科琳所说，西南航空的使命就是：“让乘坐飞机变得大众化。”这不仅仅是口头上的承诺。凯莱赫对西南航空的每个人都能一视同仁，这恰恰证实了他的真诚。凯莱赫将自己的职业生涯都奉献于实现这一崇高而雄心勃勃的使命。

那么，凯莱赫是如何确保自己能从困难的挑战中恢复过来，并保持他所需要的能量来管理这个国家最成功的航空公司的呢？凯莱赫是通过健康的饮食、规律的锻炼和充足的睡眠来实现这些的。确实，并不像大多数高级管理人员大部分时间都坐在办公桌后，凯莱赫在与客户和员工互动时往往会做很多锻炼。但与此同时，凯莱赫也是个“烟鬼”，每天要抽 5 包烟，这也使得他在 2010 年因经常喘不上气而辞职。凯莱赫拍照时经常一只手夹着香烟，另一只手端着一杯威士忌。他是那种少数在工作中就能充满电的人。“对我来说，”凯莱赫在 1999 年的一次采访中说，“和这些人一起工作的效果就像去泡了几个星期的温泉，能使你恢复活力、恢复青春，并确保你能够为西南航空的发展继续奉献下去。”[12]

比套用模型更重要的是成为自己

很显然，凯莱赫并不完全吻合我们提出的 SHARP 模型。不过，这也为我们提供了一个重要视角，我们在“10 倍领导力”计划中也反复强调了这一点，那就是 **SHARP 模型并不是个“一刀切”的公式，并不是其中所有的概念都能与每个人产生同样的共鸣**。SHARP 模型只是一个告诉你如何在领导中体验快乐的指导方针，它并不是一个处方。如果你想成为除了自己之外的其他什么人，你不会在我们的项目中有任何收获，因为正如比尔·乔治所写：“领导力就是完整的你自己。”[13]

我们知道，并且我们不止一次地看到，在 SHARP 模型的指导下去努力，能够提升你的业绩、效率和幸福感。当然我们也知道，改变是很难的。了解什么能让你更快乐、更有效只是其中一方面，而知道如何成为更快乐、更有效的人，或者首先相信改变是可能的，才是更困难的。

作为本书的作者，我们还有另外两个目标：一是告诉你如何使改变更持久，尽管这具有挑战性，但也是非常可能实现的；二是向你简要介绍一些工具，帮助你更好地做自己，保持更多的自我本色。

THE JOY OF LEADERSHIP

第三部分

提升领导力，持之以恒是关键

改变很艰难，因为它需要你冒险走出舒适区。持续强化那些有利于我们的行为，削弱阻碍或者让我们倒退的行为，可以帮我们打破旧习惯，让我们从不健康的行为模式中脱离出来，进入积极、健康的状态。

THE
JOY OF LEADERSHIP
09

我真的能够成功改变自己吗

我们在第一部分描述了一个崭新的飞速变革的世界，在这个世界中，最具讽刺意味的也许就是在飞速变化的环境中，人类精神作为变革型世界的设计者，就算有发展也往往相当缓慢。当然，也不是人人如此，如果不是因为那些少数具有创新精神的人推动了整个新经济的发展，我们也不会经历如此激进的时代变革。

从某种意义上说，把一个有才华的人培养成一个快乐的领导者是一场交易，买卖双方是呈共生关系的组织与个人。在设计“10 倍领导力”计划时，我们也尽最大努力来纠正组织方面所存在的明显缺陷。比如，让“10 倍领导力”计划扩展到组织中的每个员工；要求在职场环境中根据这一计划进行实践与互动；要安排较长时间执行该计划；该计划要衡量出勤率或满意度调查之外的结果。

然而，决定改变能否发生的不只是组织因素，个人因素同样也很重要。2014 年发表在《麦肯锡季刊》上的一篇文章试图解释为何许多领导力培育项目不能带来持久改变。文章指出了几种常见错误，其中一个就是这些项目往往低估了人们的思维定式："首先要明确人们内心深处的想法、感受、设想和信念，这些通常是行为改变的先决条件，而在领导力培育项目中这些却通常会被忽视。"[1] 换句话说，**不管一个组织做了什么，除非个体参与者能够认识到影响自己认知和信念的思维定式，否则改变是不可能的。**

可以改变的四种思维定式

以下这些思维定式往往是根深蒂固的，它们比态度更具个性特征，但它们也是可以改变的。在工作中，我们不止一次地发现过这些（通常是相互关联的）思维定式。

惰性：固守现状

尽管现状并不完美、令人讨厌、让人感到不舒服、平庸、缺乏进步、看不到前途，但至少目前的状态是熟悉的，而且通常也并不致命，也不会让人过于沮丧，所以在这种情况下我们往往会选择得过且过，敷衍了事。但是，不愿去划桨破浪推动小船，眼中的两岸就永远是枯燥单调的风景。

20 世纪 50 年代，波兰心理学家所罗门 · 阿什（Solomon Asch）发表了关于思维定式的研究。阿什向研究中的被试者展示了 A、B、C 3 条不同长度的线，然后又给他们看了第四条线（见图 9-1），让被试者判断这条线和前 3 条线中哪一条的长度最相似。

这是一个简单的问题，并不存在欺骗和联想，在对照组中，被试者仅仅依靠自己的认知就能得出正确答案。答案当然是 C，结果也与预测的一样，只有 1% 的人回答错了。但是，当被试者被安排在控制组时，组中的其他成员都被事先告知要给出同一个错误答案。结果，在不知情的被试者群体中，有 37% 的人推翻了自己的正确答案，选择了多数人所选的错误答案，尽管这 37% 的被试者明明知道那答案是错的。

图 9-1 阿什从众心理测验

人类是社会性的动物，因此我们难免不会去在意别人的想法。但是阿什的实验却给我们所有人都上了重要的一课：在意别人想法的后果已经严重到会使我们再也看不到比尔·乔治所说的“真实”。**有时候我们选择逆流而上，可能才是对自己和组织最有利的，但最坏的情况却是，我们可能会不自觉地与组织的每一个目标都背道而驰，把事情搞砸。**还记得第 6 章那家大公司的顾问所遇到的事吗？公司里的所有人，宁愿不断地向 CEO 撒谎，也不愿意让 CEO 发火。

声称自己不在乎别人想法的人，显然并不坦诚，如果他真的不在乎，那么就会无法在这个世界顺利地生活和工作下去。我们要求参与“10 倍领导力”计划的人去接受别人，尤其是与他最亲近的人的想法，同时也要理解和评估那些与自身相冲突的观点，这样才能滤掉杂音，为改变指明方向。

工作过度：要做的太多，可时间却太少

幸福是由你的健康、家庭关系和友谊等因素共同决定的，而最能决定你是否幸福的，却是你能否自由支配自己的时间。

——丹尼尔·卡尼曼（Daniel Kahneman）
诺贝尔奖得主，心理学家[2]

也许，人们之所以没有做出改变，只是因为他们没有足够的时间来改善自己的健康或提升自己的效率。他们太忙了。

我们在第5章简要地讨论过这一点，但这里非常值得再重复一遍。你很忙，并不意味着你正在做的就是富有意义或卓有成效的事情。如果对“自己究竟是如何使用时间的”没有清楚的认识，那么我们就很容易发现自己没有足够的时间去做最需要做的事情。

10多年前，丹尼尔·卡尼曼和他的同事们开发了一种“昨日重现法”（Day Reconstruction Method, DRM），旨在帮人们记录他们对自己如何利用时间的满意度。研究者们邀请了一些来自欧洲地区和美国的职业女性，让她们列举出自己前一天所从事的全部活动，并写出自己在每次活动期间的感受。这些女性列出的活动包括：吃饭、工作、照顾孩子、购物、通勤、社交、做爱、做家务等。最令人惊讶的发现是，总的来说，作为母亲的女性并没有特别享受照顾孩子的时光。

这并不是说母亲不爱自己的孩子，事实上，她们中的大部分都说孩子是自己生活中最重要的一部分。问题是，当这些母亲和孩子在一起时，她们并没有真正在陪伴孩子。她们虽然待在孩子身边，但通常却同时在处理各种工作：查邮件、打电话、做下一步安排。尽管这些活动就每一项来说都有可

能让母亲们全身心投入，为她们带来欢乐，但把这些活动放在一起，对于当妈妈的女性来说还是太多了。数量影响质量。由于这些活动分散了妈妈们的注意力，导致本来可能会有所回报的体验对这些女性来说也变成了苦差事和负担。

美国心理学家蒂姆·卡塞尔（Tim Kasser）在其研究中表明，**时间充裕代表人们有足够的时间去追求个人认为有意义的活动，这比物质富裕更能彰显一个人的幸福**。相比之下，时间匮乏的人总是会感到紧张、匆忙，总是过度劳累、疲于奔命。因此，在大多数人的生活中，时间匮乏都会是一种普遍存在且具有破坏性的力量。

那些经历过卡尼曼“昨日重现法”的人，对“少即是多”这个真理，有了更深刻的理解。**我们要想改变自身，培养自己的领导能力和自我发展的能力，就需要在那些能够使我们更充实、变得更强大的活动与人际关系上花费更多时间**，而不是把时间花在那些耗费我们的精力或者根本无关紧要的事情上。

泰勒在结婚之后，就经历过这样一段调整期。在那段时期，泰勒有点沮丧，因为他发现自己不能再像以前那样花同样多的时间在工作上，但他也感到自己并没有足够多的时间与家人共度美好时光。于是泰勒在自己所界定的人生最重要的五个领域，即亲子关系、婚姻、事业、友谊及健康中给自己设置了一日重建计划。当泰勒计算出自己想要在这五个领域分别花费多少时间时，他发现自己每天需要 48 个小时才能完成这个计划。

这显然是不可能的，认识到这一点实际上对泰勒是一种解脱。于是泰勒迅速调整，采用了自己所谓的“足够好策略”（差不多就可以了）。在理想状态下，泰勒每天要花 12 个小时在工作上，而现实中，8 小时就足够了，即使这意味着他将拒绝一些自己心仪的机会；在理想状态下，泰勒每天要练习 90 分钟瑜伽，一周练习 6 天，同时还要去健身房锻炼，而现实中，一周做两次瑜伽，每周慢跑三次，每次半小时就足够了；每周泰勒和妻子一起外出一次，这虽然不够完美，但足以维持两人的亲密关系。鉴于生活中需要泰勒花费时间的事情有很多，但客观条件又有限，因此泰勒只能尽可能做到最好。

更谨慎地使用自己的时间并不总是那么容易，这意味着我们要学会经常对人和机会说“不”，意味着你做到“足够好”就可以了。同时，精简也并不意味着要牺牲成功。哈佛商学院教授、《寻找时间》（*Finding Time*）一书的作者莱斯利·珀洛（Leslie Perlow）对紧张的职场环境进行了很多研究，她发现这种环境下的人们总是“感觉自己有太多事情要做，而没有足够的时间去做”。即使是在快节奏的高科技公司，珀洛也发现，那些能够彼此保持安静、不受干扰的工程师们，不仅感觉压力更小，而且往往能完成更多的工作。[3]

THE JOY OF LEADERSHIP

越来越多的证据表明，减少我们在时间分配上的压力，更多地将时间用于提升个人生活和工作活动的质量，不仅可以帮助我们更好地享受生活，同时也能帮助我们收获更多并逐渐成长为领导者。

例如，一位对时间的使用质量比较看重的领导者，会尽量避免安排员工进行工作午餐，因为在那种场合下，人们往往会一边匆忙地从餐盒里扒拉东西，一边弯腰弓背地在电脑屏幕上查看邮件或网站，根本无暇顾及身旁的人。如果领导者愿意的话，完全可以花点时间把员工们聚在一起，在融洽而良好的气氛中加强同事关系，或者只是简单地放松一下，在彼此的陪伴下享受一顿轻松的午餐。

完美主义："要么不做，要么做到最好"

在过去的几十年里，人们对改变自身行为最常见的尝试之一应该是"减肥"。针对这项尝试的研究发现，减肥者和酗酒者、吸烟者、海洛因依赖者一样都具有相似的复发率。美国国立卫生研究院的数据显示，50% 到 80% 的节食者体重会反弹。2011 年 8 月，美国国家糖尿病、消化与肾病研究所的凯文·霍尔博士（Dr. Kevin Hall）和他的同事在《柳叶刀》杂志上发表了一项研究，他们对这一现象给出了一个可能的解释：减肥所花费的时间要比大多数人想象的长得多。霍尔说，大多数人在几个月内就放弃了节食计划，因为他们期待的是不现实的结果。[4] 换句话说，他们没有采用泰勒"足够好"的策略，而是采用了"要么不做，要么做到最好"的策略。也就是说，他们是因为自己的完美主义而失败的。

尝试着培养一个锻炼身体的习惯，却总是失败，其中的原因也是一样的。你可能会对自己说："如果我今天不能锻炼至少 45 分钟，那为什么还要折腾呢？"但过去 10 年的大量研究证明，每天只要 10 分钟的适度锻炼就能获得日积月累的效果，降低心血管疾病和死亡的风险。[5] 如果不可能完美，那么好一点儿也比一点儿都不好要强。**随着时间的推移，一点点地积累变化更有可能带来持久改变，迫不及待地想要马上改头换面、立刻拥有新的思考和行为模式，这是不现实的。**

丹·比特纳在其《如何活过 100 岁》一书中指出，我们在日常生活中看似微不足道的细小变化，其影响之大远超出我们最初的想象。比如，比特纳认为我们经常给自己带来不便，特别是当我们想在一个日程安排非常固定的职场环境里进行一些体育锻炼的时候。在这种情况下，比特纳建议多进行一些小小的改变可能会更合适。例如，走楼梯而不是乘坐电梯，丢开遥控器亲自跑一趟，等等。这些小变化加起来也能给我们带来很大的不同。“这不是个一针见效的高招，”比特纳写道，“但却是一堆霰弹！一个个健康的小动作，聚在一起时便会产生巨大的影响。”[6]

多纳尔·斯凯恩在完成“10倍领导力”计划的几个月后，认为自己最深刻的感受之一就是：“这不会是一个快速的解决方案。”

多纳尔说：“这实际上是你必须持续努力的事情，是你每天都要审视的事情。我想我最大的收获是，我一定要尽最大努力在每天早晨六点半起床，但如果我没做到，我也不会为此狠狠埋怨自己。我清楚自己从周三到周五都有拍摄工作，所以现实点儿说，每天我大概也就只能花10分钟去冥想或者做点自己想做的事儿。这点时间不够遛一圈狗，或者做一套完整的瑜伽和冥想，但是我会弄点自己的‘小霰弹’（小变化）出来，而且我也不会因为没有做到完美就自暴自弃，因为我觉得只要能够让自己回到最佳状态，我就很满意了。”

恐惧失败：不敢冒险和尝试

2014年，瑞士网球名将斯坦尼斯拉斯·瓦林卡（Stanislas Wawrinka）赢得了澳大利亚网球公开赛的冠军，这也是他人生第一个大满贯赛事。体育记者们注意到瓦林卡的左前臂内侧有一个文身：“尝试过，失败过，没关系。屡战屡败，屡败屡战，即使失败，每一次失败都比上一次更好。”[7]这句话出自《最糟糕，嗯》（*Worstward Ho*），这是1983年塞缪尔·贝克特（Samuel

Beckett）①写的一篇戏仿作品。贝克特是一位冷漠的后现代主义者，并不擅长贩卖心灵鸡汤或者励志名言，但瓦林卡选择的这句却有着浓浓的励志味道。

如果《等待戈多》的作者都承认失败和坚持是成功的必需品，那么我们这些普通人为什么不能呢？当然，没有人喜欢失败，但对失败的正常厌恶和对失败的强烈恐惧是有区别的。恐惧，这种紧张情绪会麻痹我们，使我们不敢去冒险、去尝试，尤其是对我们在乎的生活，我们更可能会选择按兵不动，维持原状。

但如果没有失败，成功也不可能出现。诸多功成名就的人一次又一次地验证了这点，毋庸赘言。但无论如何，我们还是想提醒一下：世界上最多产的发明家托马斯·爱迪生在 1931 年去世的时候，为这个世界留下了 2 332 项发明专利，其中 1 093 项在美国。这些成功的发明背后都同时伴随着成千上万个失败的实验，然而爱迪生却并不太愿意将它们称为“失败的实验”，他认为这并不是失败，只是 1 万种行不通的方法而已。**爱迪生说：“很多人之所以会失败，是因为他们在放弃时没有意识到自己离成功已那么近。”**[8]

从事卓越领袖研究的沃伦·本尼斯（Warren Bennis）发现，出色的领导者在功成名就之前，几乎都经历过至少一次的重大挫折。例如，亚伯拉罕·林肯曾数次破产，27 岁时精神崩溃，8 次竞选公职失败，但后来却成为美国历史上最著名的总统之一。[9]

我们对客户和自己经常重复的一句箴言是：**“要么学会失败，要么放弃学习。”**随着时间的推移，当我们发现失败是成为更好领导者的必需品时，我们就能学会如何从失败中收获成长。

---

① 爱尔兰作家，《等待戈多》的作者。——编者注

从固定型思维转化为成长型思维

从某种意义上说，上面提到的思维定式都可被归类到“认为改变是不可能的”这一更大的信念下。当然，这种信念会大大降低变化发生的可能性。

斯坦福大学的心理学家卡罗尔·德韦克（Carol Dweck）阐明了人们对自己职业生涯的这种自证预言，并清楚说明了“固定型思维模式”和“成长型思维模式”的差异。

固定型思维模式是相信一个人的能力，即一个人的智力、身体素质、个性和人际交往能力在本质上是一成不变的。这种思维模式暗示着，一个人要么因为天生的才华而在学校、工作、体育运动和人际关系中获得成功，要么因为缺乏天赋而注定失败。

相比之下，成长型思维模式是另外一种信念，即相信一个人的能力不是一成不变的，能力在一个人的一生中可以而且确实能够发生改变。人们生来就有一定的能力，但这仅仅是一个起点。一个人要想成功，必须努力，投入时间和大量的精力。

德韦克在 20 世纪 70 年代开始研究这些思维模式，并在 1998 年公布了关于数百名五年级学生思维模式的相关研究结果。在这项研究中，德韦克和同事们将这些五年级学生随机分成两组，在第一轮的研究中，他们给了每组学生 10 个非语言智商测试的问题。2015 年德韦克在给《科学美国人》撰写的一篇文章中回忆了这轮研究的经过：“在做完第一轮的 10 道题目之后，大部分学生都表现得相当不错，我们也都给予了表扬。对于一部分学生，我们称赞了他们的智慧：‘哇！分数相当不错，你一定非常聪明。’而对于另外一部分，我们则称赞了他们努力的行为：‘哇！很好的分数，你一定相当努力。’”[10]

在随后的几轮研究中，德韦克和她的同事发现，那些因智慧而受到表扬的学生在后面的测试中往往会回避更具挑战性的任务。他们想要继续尝试简单的、更有可能因聪明赢得他人赞美的题目；同时这些学生还变得更容易气馁并怀疑自己的能力，甚至面对更容易的任务时他们的分数也比之前下降了许多。而那些因为努力受到表扬的学生，即使面对的是更难的问题，他们也都表现得信心满满，甚至在接下来的任务中他们的成绩还有了明显的提高。

正如德韦克在2007年接受《纽约》杂志采访时所说的那样："强调努力会给孩子一个他们自己可以控制的变量，让他们相信成功可以通过努力获得。而强调天生的聪明会给孩子一个事情的进展无法完全受自己控制的感觉，同时也不能为孩子提供好的应对失败的方式。"[11]

2008年，在《纽约时报》的一篇文章中，德韦克讲述了苹果公司负责iPhone软件的高级副总裁斯科特·福斯特尔（Scott Forstall）的故事。福斯特尔在读了德韦克的著作《终身成长》后联系了她，告诉了她一个关于自己的故事。一次，福斯特尔召集了几位来自各个部门的超级明星员工加入他的下一个项目，但没有向他们透露项目细节，而是承诺给他们机会"去犯错，去奋斗，但最终……做一些让自己铭记一生的事情"。最后只有那些立即接受挑战的人才会进入福斯特尔的团队。德韦克说："福斯特尔的直觉是，他想要那些能够倾尽全力主宰自己命运的人。"[12]

人们在尝试运用基于优势的方法时最常掉入固定型思维模式的陷阱，因为人们误以为天赋是不可改变的。

THE JOY OF LEADERSHIP

以优势为基础的方法需要的恰恰是成长型思维模式：当我们在努力的过程中运用个人优势时，我们就会获得更多的成长；当我们鼓励这种成长时，我们就会帮助他人展现出最好的一面。

成长型思维模式能使人们认识到，巨大的变化并不是天赋作用的结果，而是源于行动，源于做事，源于失败，源于一次又一次的尝试。

神经可塑性：改变自我的新途径

多年来，我们通过关注领导培育和个人发展的工作，不断看到有人想通过改变来让自己更快乐、更有效率，并能够在组织中承担更重要、更高回报的工作，但我们也不断发现，总是会有各种各样的状况阻碍人们发生变化。许多人在回首过往的失败时，都发现自己虽努力许久，却还是一如既往，与过去的老样子毫无二致。多年来，他们一次又一次地向自己证明，把自己变成更好、更快乐的领导者几乎是不可能的事。

直到20世纪后期，都没有科学理论能够帮助持有这种思维定式的人。因为科学家和普通人一样，都认为人类出生不久后其大脑就不会再有大的改变了。

但正如我们在第3章提到的，罗森塔尔和雅各布森在1965年公布的有关皮格马利翁效应的研究报告，似乎就在鼓励其他心理学家和神经学家去重新审视关于大脑及其功能的传统观点。也许大脑并不像传统意义上认为的那样，即大脑神经元的连接与功能在人类出生后不久就被固定了，之后即使发生变化，也很小。人类大脑的工作方式也许是可以改变的。

在罗森塔尔和雅各布森进行实验的同时，也有研究人员开始研究环境对改变大脑神经元之间连接的影响。最初大部分关于神经可塑性（即大脑通过形成新的神经连接来自我重组的能力）的研究都集中于帮助那些遭受脑损伤或中风的人。

神经可塑性究竟是什么

这里有一种解释大脑如何工作的高度简化的方式：**大脑神经元形成了一个错综复杂的连接网络，通过对特定事件或思想的特定反应，创造出一条条神经通路**。如果一个人经常重复相同或相似的经历，无论这个经历是演奏音乐还是专注于自己的呼吸，都能强化那个特定通路，使之更强大、更持久。

神经通路一旦形成，便是一个能够自我强化的循环回路。接收的信息更有可能是在一个既定的通路中行进，而不是另造一个新的路径，就像水常在一个已经存在的渠道里流淌，而不是随意地在陆地上流动。所以说，神经通路一旦形成，更多的信息就会从此处通过，同时这也会增加未来信息于此处通过的可能性，而这又会加深并拓宽这一神经通路。换句话说，就是从一个个小改变开始，日积月累，最终完成巨大的改变。

当一条新的路径被创造出来并随着时间的推移而逐渐强化时，我们就可以说自己已经养成了一个习惯，即一个可以预测到结果的行为方式。可能是一次网球的回击，我们在球逼近时无须思考、停顿，便可流畅地进行反手击球；或者是弹奏钢琴时，不需要一直不停地想究竟该用哪根指头敲击琴键。事实上，我们经常谈及的体育、音乐或其他领域的肢体运动，都是经不断重复而习得的长期习惯，这也意味着神经通路一旦形成，便会是牢固而又自动化的。

神经通路可以是健康的，使人变得更有力量、更有益于他人；也可能是不健康的，使人丧失力量，甚至伤害到他人。例如，一个容易发怒的人，通常其神经会与杏仁核有很强的连接，而杏仁核正是大脑中与愤怒产生相关的部分。相反，**一个有着积极心态或沉稳内在的人的大脑中，由外部事件触发的大脑区域和与愉快情绪有关的大脑区域之间的神经通路会很强大**。

已建立的神经通路会极大地影响我们在特定情况下的反应，这些通路联在一起，可以被视为我们的总体性格，但这并不意味我们的总体性格是一成不变的。这仅仅意味着，通过神经通路的自我强化，我们的总体性格会变得更加根深蒂固，直到我们决定改变。

改变大脑的行为科学

为了更全面地讲述一些人是如何改变神经通路的，我们将在下面提到过去二十多年来最令人振奋的研究成果。

1997 年，爱尔兰神经科学家埃莉诺 · 马奎尔（Eleanor Maguire）和同事们使用磁共振成像技术，对伦敦出租车司机的大脑进行了相关研究并发表了惊人的研究结果。这些司机在通过驾照考试前，通常需要 3 到 4 年的学习时间，并且要记住几乎整个迷宫般的伦敦市区地图。马奎尔发现在伦敦出租车司机的大脑中，与记忆有关的特殊大脑区域海马前区和海马后区的体积更大。[13]

2011 年，马奎尔等研究人员将通过了培训和考试的出租车司机与另外两组（一组未通过考试，一组从没有参加过任何培训与考试）的出租车司机进行了对比，最后的结果又一次证明了神经可塑性的威力。通过考试的伦敦出租车司机，其大脑海马后区有更多的大脑灰质组织（这些脑组织中包含着处理信息的神经细胞），这比另外两组司机的都要多。成功通过考试的出租车司机，他们在记忆任务上表现得也要更好，他们真的重塑了自己的大脑。“我们得出结论，”马奎尔等研究人员写道，“在成年人中，特定、持久、结构上的大脑变化可以由具有较高认知功能（如空间记忆）的生物相关行为引起，这对‘先天与后天’的争论具有重要意义。”[14]

威斯康星大学的心理学家理查德·戴维森（Richard Davidson）是首先在情绪健康背景下研究神经可塑性潜力的人之一。通过一系列研究，包括对僧侣大脑的检查，戴维森发现，不仅学习可以改变大脑的运作方式，经常冥想也可以改变大脑的结构和功能。[15]

2011 年，哈佛大学的一个研究团队通过研究，对大脑产生的变化进行了详细说明：8 周的正念冥想课程增加了大脑海马体和其他特定区域的皮质厚度，从而影响到情绪调节和自我观照的过程；冥想也会缩小杏仁核的脑细胞体积，而杏仁核正是负责调节恐惧、焦虑和压力等情绪的结构。这些变化与参与者自己报告的压力水平相匹配，这表明冥想不仅能改变我们的大脑，还能改变我们的主观体验，即情绪和幸福感。[16]

在过去的 10 年里，越来越多的研究表明，体育锻炼会改变大脑的结构和功能：刺激感觉神经元的生长[17]；促进海马细胞增殖，缓解抑郁症[18]；提高认知能力[19]；提高与情绪有关的神经递质水平，如血清素、去甲肾上腺素和多巴胺[20]；提高注意力[21]。

我们引入了神经可塑性的概念，因为它动摇了“改变是不可能的”这一信念，使固定型思维模式向成长型思维模式的转变成为可能，这种转变对于带来实际变化是至关重要的。伦敦出租车司机和佛教僧侣大脑的变化帮我们认识到，**神经元的数量以及它们沟通和连接的方式与手段，在一个人的一生中都是可以改变的，是具有可塑性的**。

和美国精神病学家杰弗里·施瓦茨博士（Jeffrey Schwartz）一样，我们也觉得“大脑灰质的数量与质量决定了我们的能力”这一假设有些牵强。我们仍然不能完全理解其中的因果关系：到底是什么增加了这些人大脑中的灰质数量，从而造成了神经化学改变？我们所知道的仅仅是他们通过一些活动，如学习、冥想或训练，才使上述反应得以发生。

在《心灵与大脑》(*The Mind & The Brain*) 一书中，施瓦茨描述了几十年来他在治疗强迫症患者过程中的发现。在接受治疗的同时，施瓦茨的病人们在神经通路上产生了显著而持久的变化：他们将注意力从消极的行为转移到了更积极的行为。施瓦茨将这称为“自我导向的神经可塑性”，他后来在与他人合著的另一本书《不听话的大脑》中，将这一概念更广泛地应用于解决其他问题。

施瓦茨认为，做出必要的改变并不仅仅是改变神经元、神经递质和神经通路那样简单，毕竟，这些只是一个人身体的一部分。在区分大脑和意识时，施瓦茨不只是一个精神病学家，他还是一位哲学家。施瓦茨认为，意识是一个独立于多巴胺和轴突的实体，这就是他所谓的要用精神的力量去推动大脑的物理变化。施瓦茨认为这些改变为自由意志提供了科学证据，即以人类天生的能力就可以做出有利于自己和世界的选择。

我们在引言中提到的特里斯坦和费莉西蒂的例子说明，坚持认为自己有能力做出有利于自己的选择的人，和那些在某种程度上对自己持怀疑态度的人之间有着明显的区别。我们希望本章能够提醒每个希望成为“10倍领导者”，以及希望自己能蓬勃发展的人：有欲望是一个好的开始。科学也告诉我们，用欲望激发行动，可以使我们不断尝试做出选择，直到我们真的能像一位演奏协奏曲的钢琴大师那样自动、轻松地完成任务。

下一章将介绍用来帮助人们重新为其思想和行为定向的一些程序，这些程序可以帮助人们从那些坏习惯和不健康的行为模式中脱离出来，进入积极、健康的状态，使其更接近自己渴望达成的目标。我们还将介绍一些工具，以帮助你完成这些改变。

THE
JOY OF LEADERSHIP

10

用“勒温模型”持久实现效率倍增

我们的一生，就其形式而言，不过就是由大量的行为习惯、情感习惯、理性习惯堆砌而成的。这些习惯有体系地将我们的幸福与悲伤组织起来，令我们无法抗拒地走向各自的命运，无论这命运结果如何。

——威廉·詹姆斯，《习惯的法则》（*The Laws of Habit*）[1]

被誉为西方哲学奠基人之一的古希腊学者苏格拉底，认为理性是美好生活的基础。苏格拉底没有留下自己的作品，他的观点都是通过他人传递给我们的，其中大部分是通过他最著名的学生柏拉图。柏拉图曾经引用过苏格拉底的一句话——“知善即为善”，换句话说就是，一个人一旦知道了要做正确的事情，那么随之就会做出正确的行为。

也许苏格拉底的这句话在传递的过程中，遗漏了一些重要内容，或者苏格拉底根本就没有说过这句话，但无论如何，我们都认为这种说法是错的。成千上万的人都想要做出改变，他们也知道这些改变将会使他们和他们的组织受益。在与这些人共事多年之后，我们更倾向于认同包括亚里士多德和孔子在内的众多哲学家，而这些哲学家的观点恰恰与苏格拉底的相反。

我们所了解的实际情况比苏格拉底那句话所描述的理想状态要复杂得多。多纳尔·斯凯恩当然知道，当他从一个美丽的地方到另一个地方，煞费苦心地为他的观众呈现那些美味菜肴时，他也应该吃健康、美味的食物。然而，他却只能吃加油站的三明治直到恶心。很难想象在无数不锻炼的人中间，会有人不知道积极的生活方式会给他们带来多么大的好处。许多人在西蓝花和甜甜圈之间做选择时会犹豫不决。许多人完全明白他们终有一天会死去，要对自己所拥有的一切心存感激，而不是把所有的一切都当成理所当然，这很重要。但即使他们意识到了这个，他们也并没有时不时地向自己的周遭表达感激之情，哪怕只是一点点。

知道什么对你有好处并不一定意味着你会这样做，知道只是第一步。在这本书的第一部分和第二部分，我们阐述了为什么世界需要更多更好的领导者，我们也解释了我们所观察到的优秀领导者的素质和能力的重要性。在第 9 章，我们明确了行为改变的困难程度，它要求你冒险走出自己的舒适区，这很难，但非常值得，能让你身心都大有收获。

如果你读到了这里，那么你该知道的东西其实都已经知道了，但这还不够，此刻，是时候为你接下来的行动做准备了。1947 年，德裔美国心理学家库尔特·勒温（Kurt Lewin）提出了有计划变革理论，他拿一块冰来模拟变革过程。勒温认为，要改变一块冰的形状，有三个步骤是必要的：

1. 你需要把它融化成液态，一种随时可以接受变化的形式，这一步叫“解冻”；
2. 你需要赋予水你想要的形状，这一步叫“变革”；
3. 你需要固化新的形态，即将水重新凝结成冰，这一步叫“再冻结”。[2]

从某种意义上说，我们就是将勒温的理论适用于个人。虽然与我们经常打交道的客户都是公司或者组织机构，但我们的“冰块”其实都是人。当我们把 SHARP 模型介绍给他们时，我们其实也是在引导他们如何去打破旧的习惯，形成新的方法，并在这一过程中发现领导力的快乐。

下面我们来简要说明一下如何运用勒温的理论。

解冻：挑战现有思考与行为方式

从个人意义上讲，“解冻”是用一种新的可能性去挑战个人现有的思考与行为方式，前提是那些方式是不健康、平庸或令人失望的。从我们接受的案例来看，比如凯文·格林就发现，自己对于和客户之间的电话互动，无论是享受程度还是推销结果都不能令他满意。因此，凯文开始考虑如何让自己变得更加投入、更加关注客户的需求。

这是人们根据 SHARP 模型做出持久改变的最初阶段，即围绕自己的想法去斟酌、去行动。我们讲授的“解冻”策略之一是一种被称为“欣赏式探询”（Appreciative Iquiry, AI）的方法。这是由凯斯西储大学（Case Western Reserve University）社会创业研究方向的教授大卫·库珀里德（David Cooperrider）开发的。

20 世纪 80 年代，当大卫·库珀里德还是一名博士生的时候，他就提出了“欣赏式探询”的概念。当时，库珀里德就领导力的主题采访了当地医生，问题包括：

1. 你所遭受的最大的失败是什么？你从中学到了什么？
2. 你所获得的最大的成功是什么？你从中学到了什么？

医生们对第一个问题的回答都非常平淡无奇。大多数人都知道要从失败中学习，因此他们的答案大部分都照本宣科，没什么启发性。

然而，对于第二个问题，医生们却能将自己积极合作、勇于创新以及具有美德的一些与成功有关的故事娓娓道来。库珀里德和他的博士导师苏雷什·斯里瓦斯塔瓦（Suresh Srivastva）由此研发了一个工具，系统而有意识地去欣赏宝贵的成功经验，然后利用对这种积极体验的分析去推测未来的可能性。[3] **总的来说，“欣赏式探询”就是利用既往的出色经验启发当下，去创造一个更美好的未来。**

你可能已经注意到，在这本书的第二部分，每个“SHARPening Moment”都开始于对既往成功经历的回顾。我们鼓励人们回忆过去卓有成效的、鲜活的、有启发性的成功故事，我们也尝试通过介绍本书所讨论的概念来帮助人们拓宽自己的选择范围。

例如，在凯文回顾与顾客互动的过程中自己什么地方最出色时，其实就是在进行“欣赏式探询”。凯文天生就是一个善于交际的人，他擅长与人交往，促成有意义的谈话。凯文的成功来自他对独特的环境、思想和客户感受充满人情味的理解与反馈。

凯文自己也承认，直到他开始接触“专注”模块，并学习了另外一些鼓励“心流”状态、减少干扰、更深入地和人们进行交往的技能后，才完全意识到自己在电话销售中存在哪些不足。凯文学习的技能和方法包括：放松反应、无电邮时间、有计划地自由支配时间、目标设定、深度倾听、“进入他人的‘影像世界’”等。[4]

结合自己既往的成功体验，以及我们在书中提出的用于培育 SHARP 模型的方法，你将能在了解诸多理念的基础上，尝试运用并逐渐适应自己的生活与工作方式。

变革：用新方法将自己引至高效

我们把行为改变的中间阶段称为“选择和引导阶段”。在这一阶段，人们将决定自己所要使用的新行为或新方法，并开始将其付诸实践。我们引入了非常多的策略和技术来开发 SHARP 模型，原因之一就是我们拒绝一刀切的方法。例如，“10 倍领导力”计划的一些参与者曾坦率地告诉我们，他们永远都不打算练习冥想，但我们发现他们经常也会为自己留出一段安静的时间来整理思路，将注意力集中于即将到来的任务。这样就很好。如果他们不愿意，当然也不需要非得把这段安静的时间称为“冥想”。

虽然冥想似乎与电话销售的结果没有直接联系，但凯文却发现冥想是一个非常有用的方法，可以让他在每天一开始就能身心合一。对凯文来说，冥想并不是单单把注意力集中在一个无意义的符号上，而是能够给人们一个预览和引领这一整天活动的机会。除了思考要在电话销售中采用哪些谈话策略，凯文也会留出一些时间，哪怕只有 10 分钟，让自己在每天工作开始之前安静地沉思一会儿。

实践“欣赏式探询”可以帮助我们决定哪些工具与策略最适合我们，但这不能帮我们完成所有的事情。我们必须激励自己，凭借自己的力量或别人的支持，发掘那些能让我们继续改变下去的动力。

在这个关键的中间阶段，我们用于帮助人们步入新轨道的一个技能就是“好像原则”。1982 年在由大卫·马梅特（David Mamet）改编的电影《大审判》(*The Verdict*)中，保罗·纽曼（Paul Newman）饰演的律师弗兰克·高尔文在他的最后一场辩护中，向陪审团说了一段充满激情的辩护词，他说:“在我的宗教里，他们说:‘像有信心一样地行事，信心必将给予你。’如果我们要对正义有信心，我们只需要相信自己就是在公正地行事。”[5]

我们很喜欢台词中的这句引述，但不知道马梅特是从哪里找到的，我们找了很久也没有发现这句话的出处。电视剧《白宫风云》(*The West Wing*)的制片人艾伦·索金（Aaron Sorkin）显然也很喜欢这句话，在该剧早期的某一季中这句话就被用作过台词。剧中里奥在试图说服杰德竞选总统的时候，杰德告诉里奥，虽然里奥对自己很有信心，但遗憾的是他并不能与里奥一样对自己充满信心，里奥对此回答说:“‘只要你让自己像真的有信心那样去做一切事，信心就会从你心底油然而生。’换种说法就是：先假装自己好像有，直到自己真的有。”[6]

事实上，“假装你好像行，直到自己真的行”这背后是有科学依据的。19世纪后期，美国著名心理学家威廉·詹姆斯开始探索情感与行为之间的关系，其中最引人瞩目的是，他开始挑战“情绪与行为之间呈单向的因果关系”这一传统观点。这种观点认为，情绪是行为的根本原因，如果你感到快乐，你就会微笑；如果你觉得难过，你就会皱眉。詹姆斯却提出了一个新的理论：情绪和行为之间是一条双行道，也许你只要微笑，就能够感到快乐；只要皱眉，就会感到伤心。

理查德·怀斯曼（Richard Wiseman）在其著作《好像原则》(*The As If Principle*)中指出，几十年来，层出不穷的励志类书籍只会引导人们去改变他们的思维方式，却忽视了人们的行为方式。随后，研究人员将詹姆斯的理论应用于各种测试。20世纪70年代，心理学家詹姆斯·莱尔德（James Laird）

通过测试被要求采用不同面部表情的被试者，发现人们对幸福的主观感受存在差异。[7]

怀斯曼引用后续研究表明了这种效应同样适用于我们生活的其他方面。他写道：“只要你表现得好像你就是那个特定的人，那么你就会变成那个人。我将此称为‘好像原则’。”[8]

埃伦·兰格在1979年的一项研究中，选择了一群70多岁的老年男性作为被试者，她为这些被试者设定了一个为期5天的聚会，并将此聚会命名为“怀旧周”。这群被试者在5天内，要假装自己好像生活在20年前，并且被告知不可以向彼此提及任何1959年以后发生的事情，所有的对话都要用现在时态。兰格和她的团队还悄悄地撤走了这些人在最近20年一直依赖的环境支持与援助。

在5天的时间里，兰格对参与者进行了各种生理和心理上的评估，发现他们的灵活性、血压、视力、听力和运动速度都有了改善。假装自己好像年轻了20岁的举动，显而易见转变或减轻了衰老对这些老人身体和心理的影响。兰格在后来的出版物，包括在她自己的书《生命的另一种可能》[9]中分享了这个故事。

怀斯曼在书中还引述了其他的研究，这些研究都证明了某些特定行为的力量会影响我们的思想和情感，会让我们更加有毅力[10]；在谈判中态度更强硬[11]；在生活中更少有负罪感[12]；更有说服力[13]；甚至会让我们坠入爱河[14]。

改变是很难的，但“好像原则”会轻轻地促使我们离开那些经常用来替自己的不作为或拖延辩护的“合理”理由：“等我再多点儿时间，我就去做。”“我还需要再多考虑一下。”“我现在没感觉。”我们不需要把自己所有的想法和感觉都先梳理得一清二楚，那只是我们不愿意离开舒适区的借口。就像“好像原则”说的那样，开始的最好方法就是假装你已经开始了。

斯坦福大学的体操教练丹·米尔曼（Dan Millman）也是一位畅销书作家和演讲家，他是当代的著名思想家之一。米尔曼相信当今许多励志类大师并没有对人们的外部行为有足够的关注，而只是致力于梳理一团乱麻的内在世界。米尔曼在其著作《深夜加油站遇见苏格拉底》① 中写道：

> 要想改变你的人生轨迹，以下两种基本方法可供你选择：
>
> 1. 你可以全神贯注地去思考，找到自己的关注点，确认自己的力量，释放自己的情绪，并想象积极的结果，这样你就可以自信而又勇敢地下定决心，去做出改变，去感觉有足够的动力做自己需要做的事情。
>
> 2. 你还可以，什么都不想，只管去做。[15]

或者就像里奥·马加瑞所采取的另一种方式：假装它好像有，直到你真的有。

再冻结：用习惯和自我提醒强化新路径

看起来，一旦选择和引领阶段完成，似乎困难的部分就结束了，你已经抛弃了陈规陋习和令自己不满意的做事方式，选择了新的思维方式和行动方式。你比以前更快乐、更健康、更高效、更有影响力了，那为什么你还会重蹈覆辙、回到过去？

① 米尔曼自传体小说，根据米尔曼传奇般的生活经历改编而成。该书已由湛庐文化策划、浙江人民出版社出版。——编者注

我们不知道为什么会这样，可能没人知道为什么。为什么会有人在戒烟几年之后又重新开始抽烟？为什么人们在减肥、健身之后还要挣扎着继续减肥？我们只知道从多年的经验来看，确实有相当多的人会重蹈覆辙。第三阶段是最困难的，因为它永远不会结束，它不仅要你习惯更健康、更快乐的生活与互动方式，还要你克服想要回到老路上的莫名欲望。

阿兰·德波顿（Alain de Botton）在《写给无神论者》一书中，借鉴了很多受人尊敬的哲学家和神学家的观点，认为每个人都可以过上更健康、更幸福的生活。德波顿本人是一个无神论者，他认为宗教道义源自实用主义的需要，这些需要对我们的生存至关重要，因此被认为是神的启示。所有宗教人士遵循这些道义的方式之一，就是通过典礼和仪式来反复赞美和阐明自己的信仰。

我们强烈建议你首先明确自己想要在生活中改变什么，然后围绕这个改变建立一些习惯。我们使用了 ritual① 这个词比较世俗的定义，即一个既定的程序或惯例，用它来强化引入和维持行为变化的重要性。你要将你渴望的那些领导力行为变得像每天刷牙那样自然而然，这才是你的真正目标。

THE JOY OF LEADERSHIP

对于改变已固化的神经通路的最好方法，就是假装我们好像已经做到了，直到我们真的做到。持续强化那些有利于我们的行为，削弱那些阻碍或者让我们倒退的行为，用能够彰显自己想要的变化的那些方式来持续行动。

哈佛神经学教授阿尔瓦罗·帕斯夸尔－莱昂内（Alvaro Pascual-Leone）是利用大脑成像技术建立行为和大脑活动关系的先驱。我们很喜欢他关于仪

① 除了“惯例、习惯”之外，还有“（宗教）仪式、典礼”的意思。——编者注

式化行为将对大脑带来永久性变化的说明。

阿尔瓦罗最著名的研究或许应该是他在20世纪90年代初开展的一系列实验，在这些实验中，他绘制了刚刚开始学习盲文的盲人学生大脑皮质动态图。识别盲文是一种需要高敏感度的技能，需要相当长的时间来培养。学生们在一周内进行集中学习，周末放假。在实验的前6个月里，星期五（一周的学习之后）记录的大脑皮质动态图显示，与手指敏感度有关的大脑区域有明显扩大的现象，而星期一（周末休息之后）此区域的大小却显示有所恢复。但经过大约6个月后，星期五所记录的大脑变化开始趋于平稳，这种变化在星期一的复原程度也开始逐渐降低。

后续的扫描研究让阿尔瓦罗推导出，星期一记录的大脑皮质改变，是衡量学生是仍处于盲文学习阶段还是已经成了盲文专家的标准。阿尔瓦罗进一步认为，星期五快速但短暂的变化强化了现有的神经通路，而更细微、更持久的“星期一变化”则意味着全新大脑结构的诞生，可能是新的神经元连接的形成和突触的萌芽。[16]

阿尔瓦罗后来的研究发现，在学习钢琴的过程中，人们大脑的体感皮层也出现了类似情况。阿尔瓦罗进一步揭示，受试者演奏钢琴以及想象演奏的过程中，大脑负责手指运动的区域也会发生这些变化。[17]

这种周一和周五的变化适用于任何一种技能的学习。我们都曾有过死记硬背去应付考试的经历，但无论我们考得有多好，考完不久就会彻底忘掉背过的东西，不会再记得自己到底都背了些什么，除非我们在接下来的几个月甚至几年里持续学习这门课。在死记硬背的时候，我们获得的是“周五的变化”，但知识来了又走了，因为我们创造的神经通路是暂时的。阿尔瓦罗通过其研究想要告诉我们的是，长期的改变需要时间、努力和坚持。现在我们习以为常的事情，比如我们阅读或者骑自行车的行为都是永久存在的，它们都属于“周一的变化”。

这也是我们“10倍领导力”计划为什么要持续9到12个月的部分原因，这是和阿尔瓦罗研究中的盲文学习大致相同的时间周期。而这也是为什么我们鼓励那些想实现行为持久变化的人们，要用长远的目光建立自己可持续的实践计划。

为了建立永久路径并做出持久改变，你需要不断地学习和实践，不断地犯错误，不断从错误中吸取教训。例如，当你发现在与客户通话时自己讲得太多，仅提醒自己要更认真倾听还不够，如果这是你想要彻底改变的行为，那么它应该是有步骤、有计划并能够被定期执行的，理想状态下最好每天都做，并持续几个月。凯文已经让用心倾听成为他日常生活的一种习惯，他也成了一个用心专注的人，但是他还没有完全走出困境。凯文还要通过不断练习来完善、保持这种“优势状态”。

我们帮助人们建立的不仅仅是新的做事方式，其中也涉及一些不作为的方式，比如早上做的第一件事就是不查电子邮件，不与微信好友联系；工作的时候不开聊天窗口；路过休息室零食柜的时候也别慢下脚步；每天晚上六点以后就不加班。

出于某些原因，即便是这些简单的行为，我们做起来的时候也会感觉不舒服，甚至还会很痛苦。但基本上随着时间的推移，这些不舒服和痛苦的感受会越来越少，而我们计划要改掉的行为发生的概率也会越来越小。其中关键是要一小步一小步地去做，要坚持下去，直到我们稳稳地建立了“星期一改变”，并感觉自己进入了一个全新的舒适区。

选择提醒方式，让改变持久

米尔曼那句名言“只管去做”（Just do it）让人印象深刻。巧的是，耐克公司在1988年将这句话用作其广告宣传语，这让我们一直以为耐克公司老板应该是米尔曼的崇拜者。事实证明，这两者之间没有联系[18]，但这并没有改变我们对米尔曼“只管去做”这一口号的看法：它简短有力又鼓舞人心，像一句咒语，能让你立刻把自己想象成一个勇敢、果断又激情洋溢的领导者。

但是，要想成为一个有效的领导者并做出必要的改变，一次只做一件事可不够，还需要你在很长一段时间内做很多事，以此来逐步改善你的想法和表现。“坚持做下去”（Just keep doing it），很明显少了一些“只管去做”的激情四射，体现不出决定去做的那一刻，而是把你拖进了一段靠毅力坚持的漫长跋涉之中。也许它不是一个令人振奋的行动口号，更像是一个含蓄的警告，提醒你可能随时掉队。这听起来好像有点含糊其辞，但我们保证：就像完成一个困难的改变是可行的，这个改变也是可以持续下去的。

普利策奖得主、记者查尔斯·都希格（Charles Duhigg）在他的著作《习惯的力量》中探讨了这一观点以及在人们创造和改变行为方式背后更多的科学理论。在都希格的书中，一个陆军少校这样说：“如果你养成了正确的习惯，那么就没什么是你做不到的了。”[19]

旧习确实难改，而有的好习惯即使曾经存在过，也会随着长时间的忽视而慢慢丧失。如果你已经很多年没碰过自行车，等到重新骑自行车的时候，你会发现自己很笨拙，得练个几圈才能再次找到平衡，重拾自信。

我们强调要利用重复和习惯，不断提醒自己前进的道路应该是什么样，这是持久改变的关键。正如德波顿所指出的，宗教通过祈祷做到这一点，教徒每天祈祷，有时甚至一天祈祷几次，在特殊、神圣的日子还会用圣像、赞美诗以及其他象征符号，提醒自己一些重要的事情。

当然，你不需要非得用宗教信仰和信物来提醒自己，毕竟那种提醒并不适用于职场，但你需要一些仪式和圣像的替代品。萨拉·欧赖姆（Sara Orem）等人在《欣赏式教练》（*Appreciative Coaching*）一书中讲述了罗里的故事。罗里是一个热爱瑜伽和按摩的年轻人，从小就被教育要将工作与生活分开：工作就是工作，人生中的爱好和追求是工作以外的事情。罗里当时的职业是医疗秘书，但他却心不在此。罗里想做些能让自己真正燃起激情的事情，于是他决定辞去工作，开办了自己的瑜伽和按摩工作室。

在辞职的前几个月，罗里开始感到极度焦虑。他不再抱着希望展望未来，而是开始反复琢磨自己过去失败的项目和想法。当罗里展望未来的时候，形势似乎并不乐观：“看上去都是些没完没了的‘如果这样……就可以那样……’。”这些都给罗里迎面泼了一盆冷水，如果没有人来他的工作室呢？如果没有人喜欢他呢？如果没人感兴趣呢？罗里深深地沉浸在对过去的失望和对未来的不确定中。罗里很困惑，自己的希望和梦想到哪里去了？显然，是罗里自己的思考习惯出了问题，正是这种习惯让他接受了一份对他毫无意义的工作。但罗里想出了一个办法。

为了避免被困在过去以及迷失在未来，罗里选择了关注当下。他拿起自己的手表，在表盘的正面用大写字母写了“现在”这个词。他每天都戴着那块表，与此同时，新事业的筹建也趋于尾声。罗里将当下作为一份礼物来接受，这种心态真的帮助了他。罗里开始把“现在”看作他唯一可以做出改变的时刻，无论是对他的思想、事业还是身体。

在《欣赏式教练》出版之后，罗里在他的新事业中也已经成功度过了第三个年头。罗里说，现在这块手表是他的支柱，他无法改变过去，未来也还没有到来，但手表提醒他，他可以改变现在。[20]

我们已经将罗里的方法作为“10倍领导力”计划的一部分，与参与者一起，通过厘清他们的个人形象，找到能让他们永久改变自己不良习惯的提醒方式。这些提醒有时会以简单的图像形式出现。例如，用弗洛伦斯·南丁格尔的一幅图片，提醒人们要有同理心，或者也可以用最喜欢的一句名言，或者电脑、手机上的一张屏保图案。

在我们的项目中，森宝利的迪·布莱克本由衷接受了“提醒”的理念，她现在用了好几种方法帮自己巩固好习惯，其中一种就是用一个骰子。正如第5章写到的，布莱克本想成为一个更好的沟通者，在发表自己的看法之前能够先倾听他人的意见。她说:“我和我的生产线经理聊天，问他我做得怎么样。他说:‘你还可以再慢一点。迪，在发表自己的想法之前先数到10。’”

现在，当布莱克本参加一个会议时，她会坐下来，拿出一个骰子，让6个点的那面朝上。“我会数到6，”布莱克本说，“这和数到10不太一样，如果我去参加一个会议，会上谈论的正是我特别热爱的事情，或者我知道谈话对象中有喜欢喋喋不休的人，我就会拿出这个骰子。它提醒我，停下来、放慢脚步，倾听是可以做到的，不必总把自己的观点放在第一位。”布莱克本和她的团队成员分享了骰子存在的意义:“我也向他们征求意见。我告诉他们:‘当你看到我又急于发表自己意见的时候，帮忙提醒我。’”

许多人发现对他们来说最有用的提醒不是物品，也不是别人的话语，而是他们自己每天都会写下来反复看的文字。作为读者，这似乎是一种特别有用的方法。但是记住，提醒并不是这个精心设计的过程的最后一步，永远不要停止提醒自己所做改变的重要性。

这些采用了我们的理念与技术的人都收获了令人满意的结果。如果你想和他们一样，那么我们强烈建议你按照如下原则制订自己的训练方案：

1. 重新回顾本书第 3 章到第 7 章的所有观点，写下对你来说最重要的、可以用来建立 SHARP 模型的方法和策略；
2. 对于 SHARP 模型中的每一个因素，你要制订出自己的“解冻”计划，运用“欣赏式探询”，从这本书的建议中汲取灵感，培养对思考和行动的改变方案；
3. 改变。挑选出对你最合适的方案去引导自己，如果它看起来很困难、很棘手或者很勉强，请记住“好像”原则：假装自己已经做到（拥有）了，直到你真的成功做到（拥有）。另外，确保每个选择不只是一个含糊其辞的改变承诺，要为每个新的行为安排有规律的训练和行动；
4. 通过习惯和提醒，定期调整自己的方向、巩固新观点与行为。如果你不能想出一个聪明的提醒，比如布莱克本的骰子，那么回到第一步，用自己的话提醒自己，为什么这个改变对你很重要，以及你打算如何维持巩固它。例如，为什么在工作和家庭中建立并维护积极关系对你来说很重要？你打算每天要如何努力做到这一点？这些都可以作为你的提醒。

对于这些提醒，关键是每天要慢慢地、有意识地、用心地去一遍又一遍地阅读，每次都当作是第一次看到它们。此外，从宗教仪式中也可以汲取一些经验。你可以建立一些类似宗教仪式中日祷的习惯，不过去掉其中的宗教成分，这将帮助你把从本书学到的重要理念加以巩固，并创造出崭新而持久的行为和思维习惯，从而更快乐、更健康地生活。

THE

JOY OF LEADERSHIP

结语

重温效率倍增法，成就自我与团队

并不是每个和我们工作的人都像迪·布莱克本那样会对条例与提示抱有兴趣。诸如“习惯”和“规范”这样的词，往往听起来就像是苦差事，令人感觉辛苦又乏味。人们担心，习惯和规范一旦确立，便会使他们的生活失去自发性，削弱他们的创造力。

还记得我们在第 4 章提到的关于领导力和幸福感的那些误区吗？这种担心就和它们一样。出于某种原因，许多人始终选择相信这些误区。但是大多数取得伟大成就的人会告诉你，灵感是在工作中产生的，而不是在工作之前产生。伟大的俄罗斯作曲家柴可夫斯基说过：“一个有尊严的艺术家不能以没有心情为借口而不去工作。”巴勃罗·毕加索说：“你只有在开始画以后才知道你要画什么。”小说家伊莎贝尔·阿连德（Isabel Allende）说：“出现、出现、出现……过了一会儿，缪斯女神就出现了。”

包括威廉玛丽学院的教授托德·思拉什（Todd Thrash）和威斯康星大学的安德鲁·埃利奥特（Andrew Elliot）在内的诸多心理学家和研究人员纷纷支

持这些艺术家的睿智见解。越来越多的研究表明，**激励人们将想法付诸实践的那些灵感，并不是来自“神灵的拜访”，而是产生于一种可以激活和管理的精神状态。**[1]先要有汗水，才能有灵感。

多年来，安格斯无论是在麦肯锡公司内部还是在合作客户那里，一直致力于培养新一代的组织领导。他发现，在建立新的思维和行为方式的过程中，还存在另外一种风险：当习惯慢慢养成时，人们往往意识不到自己已经做出了积极的改变。他们处于变化之中，却常常看不到是什么在起作用。他们可能会因此而气馁，并逐渐丧失驱使他们在第一时间做出改变的动力。正如托马斯·爱迪生所指出的，人们放弃努力的时候，往往意识不到实际上自己已经是多么接近目标，多么接近实现质变的那一刻。

不过，当你试图将自己培养成一个“10倍领导者”时，你无法通过血液检测设备来测量与能力和幸福相关的激素以及神经递质水平的上升与下降，你也无法通过常规的脑部扫描来计算你在周五和周一的变化以及它们之间的差异，你更无法在自己已经变得更有效率、更富有成效、更有影响力时，测量一下自己海马后区的体积是不是有了变化。那么你能做什么呢？

假装相信。相信这个过程，相信自己并坚持下去，时刻提醒自己什么对你才是最重要的。如果你正在参与一个需要按部就班、一步步来的行为改变项目，但你的眼睛只盯着远方功成名就的巅峰状态所带来的快乐和幸福，那么我们担心你可能还是没真正领会到本章的重点。作家尼尔·盖曼（Neil Gaiman）说：“追求完美就像是在追逐地平线，你得永不止步。”[2]

坚持下去。你要获得的能力和幸福并不在未来，而是在当下，在你不断强化自己的优势、提升健康和幸福、进入心流状态、和重要的人经营真实而积极关系的时候，在你于每天的工作中发现更深刻的人生使命的时候。

随着时间的推移，你会看到自己在工作中的表现，在组织中激励和领导他人的能力，以及得到更多的幸福和快乐。当你能成为一个更好的领导者时，你就会像比尔·乔治所说的那样，真正成为完整的自己。而在这之前，你只是可能还没有意识到这点。

但是，正如我们已经讨论过的，你不能总是停留于反复“思考”你的领导方式，你必须采取行动。现在，你只是读完了一本书，它并不能神奇地把你变成真正的自己，也不能给你带来只有真正的领导力才能给你的快乐。

那么，你要如何才能找到通往效率倍增的路径呢？在20世纪中叶，美国教育心理学家本杰明·布鲁姆（Benjamin Bloom）提出了教育目标分类学（Taxonomy of Educational Objectives），现在通常将其简称为布鲁姆分类学（Bloom's Taxonomy）。这种方法为教育目标的分类提供了一个框架，使教育工作者可以利用它对所教授的课程进行排序。布鲁姆分类学经常被绘制成一个金字塔，以知识和理解（包括回忆事实、解释观点的能力）为基础，而金字塔的顶端则是更加复杂的行为，即评估和综合了全部信息之后再创造出不同于以往的东西（见图11-1）。

在这本书中，我们已经爬上了金字塔三分之二的位置，展示了优势、健康、专注、关系和目标，即带来效率倍增的SHARP模型，解释了模型的不同构成，模型中的不同因素该如何应用于不同的情况，以及因素与因素之间不同的关联方式。

我们还证明了虽然行为改变很艰难，但这远不是失败的原因。通过运用杰弗里·施瓦茨所说的那些能够改变神经通路的精神力量，以及为建立更健康的习惯持续努力，你就能成为自己一直渴望成为的那类领导者。

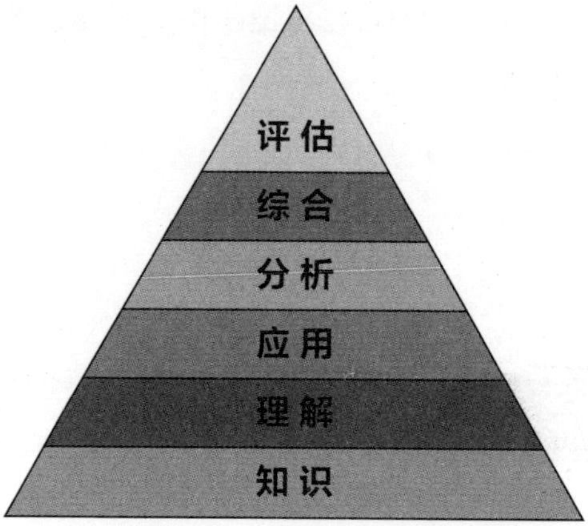

图 11-1　布鲁姆分类学

领导力和其他艺术一样，不只是一种想法、一种知识或者一套技能，无论这些技能有多么高超。领导力是最复杂、最不可言说的人类行为之一，是一种观察世界并与这个世界互动从而激励和鼓舞他人的模式。阅读这本书，吸收其中蕴含的理念，是成为一个更快乐、更高效的领导者的良好开端。当你将这些理念带入这个世界，将它们与同事、主管和导师分享并付诸实践时，你将为自己通向布鲁姆分类学中的最高级别打下基础，你的工作表现、快乐和幸福指数也会攀升到更新、更高的水平。不仅对你自己是这样，对你周围的每个人都是如此。正如我们所指出的，这些能力对于组织的成功来说自始至终都是至关重要的。

THE JOY OF LEADERSHIP

全球经济日益增强的竞争力与活力，要求今天和未来的领导者们要将注意力从管理转向更有效地利用公司多样化的人力资源。此外，他们还要保持高度的敏感性，接受对现状的挑战，鼓励创新，以获得启发去鼓舞他人。

敏锐的观察者也许会注意到，布鲁姆分类学随着等级提升，其内容不仅变得更加复杂，而且也变得更加积极、主动。参加过我们 9 到 12 个月“10 倍领导力”计划的人们，在结束的时候都比之前要更积极、主动。他们在提升自己工作水平的同时，也在培育和加强自己的个人技能，带领同事共同为自身和所在组织带来更多的获益。

这些参与者发现，当他们更加积极地关注自身已经拥有的东西时，他们就更能活出自己的真实状态，就像我们在第 8 章提到的那些杰出领导者一样。当 SHARP 模型中的五个因素共同作用时，你会发现培养其中一个或另一个几乎不需要什么力气。有趣的是，你还会像我们项目中的很多参与者一样，不再把模型中的五个因素当作一个个单独的个体去考虑。在人们参与“10 倍领导力”计划的早期，当他们还在分别发展一个个单独的板块时，如发展基于优势的领导力，明白健康的重要性，培养在工作中运用专念的能力，发展积极的关系，或是在工作和生活中达成一个更高的目标，他们通常可能会说：“我正在努力吸收本周的内容。”

但之后，将模型中的五个因素放在一起共同练习时，他们通常就会具备协同作用。布莱克本说：“我不认为自己所做的改变是为一个计划所完成的作业。我大约在 8 周前结束了这个计划，现在当我想到 SHARP 模型时，我会问自己：‘这对我的内心来说意味着什么？’‘我做了什么不同的事情？’其实你所做的事情是环环相扣的，会产生一系列连锁反应。”例如，布莱克本发现，当她与别人交谈时，她会更加注意倾听，而不是一心多用或只关注自己的想法，而这同时也有助于加强她与家人和同事之间的关系。

同样，当多纳尔 · 斯凯恩恢复健康几个月后，他参加了“10 倍领导力”计划。之前的经历帮助多纳尔意识到，自己的身心健康与他的目标是密不可分的，他说："（这个项目）来得正是时候。这让我退后一步，重新审视我的职业生涯、我想完成的目标，以及阻碍我实现目标的原因。这让我更加关注自己的身心健康，因为这是我工作中相当重要的一部分。现在，尽管我仍然发现自己忙得不可开交，但我可以退一步说：'好吧，现在是依旧基于我们的欲望做决定，还是基于我们的当下做决定？'"

公司一开始向员工提供的专念培训，主要是作为一种压力管理工具。但这一做法却因为它带来的各种好处，如更好的决策力、更好的人际关系和更好的表现力而广为传播。正如埃伦·兰格提醒我们的那样，这是"能量的产生，而不是能量的消耗……你会更喜欢别人，别人也会更喜欢你。因为你不再挑剔，你更有魅力了"[3]。

凯文·格林通过专念培训打磨了自己的销售技巧，他非常同意以上观点。他说："'10倍领导力'计划提高了我的领导力。它真的让我在很多方面都成了一个更好的人。我开始对周围有了更多的关注，爱得更多，倾听得更多，更加乐于助人，希望给别人带来更好的东西。我也笑得更多，变得更积极、更健康、更快乐、更聪明了。我的变化真的很大。我看到自己的核心价值观渐渐浮出水面，我对自己是谁以及自己要如何成长有了更清晰的认识。从这儿出发，你自然会成为一个更好的领导者。"

读着多纳尔·斯凯恩、迪·布莱克本和凯文·格林这些话，你会发现他们已经攀上了布鲁姆分类学金字塔的顶峰。他们分析并综合了 SHARP 模型中的各个因素，并创造出了新东西，无论这是不是字面意义上的"原创"。毕竟，他们在这个过程中挖掘出来的本能、天赋和潜能，早就存在了，只是他们"打开了开关"，让自己变得更快乐、更高效了。

你是否能够以同样的方式开启开关完全取决于你自己。如果你已经读完并从这本书那些来之不易的经验中吸取了教训，那么你就应该为你的选择感到激动，因为这意味着你选择了去奋斗、去犯错、去成长为当今世界所需要的那种领袖。

THE JOY OF LEADERSHIP

致谢

我们要感谢的人非常多，如果没有他们，就没有这本书。我们所感谢的人，以下只是其中一部分。

克雷格·柯林斯（Craig Collins），他杰出的思想和广阔的胸怀助力了这本书的诞生。

凯伦·巴斯（Karen Barth）、金·库珀（Kim Cooper）和亚当·维塔尔（Adam Vital），这本书的每一个角落都闪耀着他们的好点子与激情。

我们的编辑，约翰·威利父子出版公司（John Wiley & Sons）的理查德·纳拉莫尔（Richard Narramore）和丹妮尔·瑟皮卡（Danielle Serpica），感谢他们的耐心和专业精神。

我们的经纪人，雷夫·萨加林（Rafe Sagalyn）和CJ.洛诺夫（CJ Lonoff），不辞辛劳地帮我们向大众宣传我们的想法。

感谢“潜能人生”卓越的团队工作人员，他们每天都在激励我们，他们是：马修·阿诺德（Matthew Arnold）、哈蒂·克罗思韦特·艾尔（Hattie Crosthwaite Eyre）、杰里米·戴维斯（Jeremy Davis）、妮可·赫尔利（Nicole Hurley）、路易斯·哈维尔·卡斯特罗（Luis Javier Castro）、阿特利·克努特松（Atli Knutsson）、西里尔·科济列夫（Cyrille Kozyreff）、玛丽塔·兰科（Marita Lekmo）、契比索·马勒度（Tshepiso Maledu）、埃胡德·摩西（Ehud Moses）、康纳·欧米拉（Conor O' Meara）、凯林·米勒（Kerrin Miller）、阿尔贝托·帕迪利亚·里韦拉（Alberto Padilla Rivera）、卡罗·帕克（Caro Parker）、丹尼尔·菲尔滨－鲍曼（Daniel Philbin-Bowman）、安东尼·皮索（Antoine Pissot）、阿瑞克·普瑞斯曼（Arik Praisman）、米兰达·舒（Miranda Shu）、盖伊·希格斯顿（Guy Sigston）、金姆·斯英兰（Kim Singline）、爱德华·肖特（Edward Short）、奇普里安·斯皮里东（Ciprian Spiridon）和内丽·沃斯利（Nelly Worsley）。

感谢我们的导师们，即“10 倍领导力”身体力行的实践者，他们是：皮娅·安德森（Pia Andersen）、沃伦·本尼斯（Warren Bennis）、理查德·哈克曼（Richard Hackman）、马丁·希特（Martin Hirt）、克莱门斯·赫塔尔（Klemens Hjartar）、埃里克·拉巴耶（Eric Labaye）、埃伦·兰格、布莱恩·利特尔（Brian Little）、约书亚·马戈利斯（Joshua Margolis）、米赫内亚·莫尔多韦亚努（Mihnea Moldoveanu）和菲利普·斯通（Philip Stone）。

最后，永远感谢我们最亲爱的家人，感谢你们对我们的支持、爱、耐心和包容。

THE JOY OF LEADERSHIP

注释与参考文献

考虑到环保需要，也为了节省纸张、降低图书定价，本书编辑制作了电子版的注释与参考文献。请扫描下方二维码，下载“湛庐阅读”App，搜索“高效的方法”，即可获得本书注释与参考文献。

未来，属于终身学习者

我这辈子遇到的聪明人（来自各行各业的聪明人）没有不每天阅读的——没有，一个都没有。巴菲特读书之多，我读书之多，可能会让你感到吃惊。孩子们都笑话我。他们觉得我是一本长了两条腿的书。

——查理·芒格

互联网改变了信息连接的方式；指数型技术在迅速颠覆着现有的商业世界；人工智能已经开始抢占人类的工作岗位……

未来，到底需要什么样的人才？

改变命运唯一的策略是你要变成终身学习者。未来世界将不再需要单一的技能型人才，而是需要具备完善的知识结构、极强逻辑思考力和高感知力的复合型人才。优秀的人往往通过阅读建立足够强大的抽象思维能力，获得异于众人的思考和整合能力。未来，将属于终身学习者！而阅读必定和终身学习形影不离。

很多人读书，追求的是干货，寻求的是立刻行之有效的解决方案。其实这是一种留在舒适区的阅读方法。在这个充满不确定性的年代，答案不会简单地出现在书里，因为生活根本就没有标准确切的答案，你也不能期望过去的经验能解决未来的问题。

湛庐阅读APP：与最聪明的人共同进化

有人常常把成本支出的焦点放在书价上，把读完一本书当作阅读的终结。其实不然。

时间是读者付出的最大阅读成本
怎么读是读者面临的最大阅读障碍
“读书破万卷”不仅仅在“万”，更重要的是在“破”！

现在，我们构建了全新的“湛庐阅读”APP。它将成为你“破万卷”的新居所。在这里：

- 不用考虑读什么，你可以便捷找到纸书、有声书和各种声音产品；
- 你可以学会怎么读，你将发现集泛读、通读、精读于一体的阅读解决方案；
- 你会与作者、译者、专家、推荐人和阅读教练相遇，他们是优质思想的发源地；
- 你会与优秀的读者和终身学习者为伍，他们对阅读和学习有着持久的热情和源源不绝的内驱力。

从单一到复合，从知道到精通，从理解到创造，湛庐希望建立一个“与最聪明的人共同进化”的社区，成为人类先进思想交汇的聚集地，与你共同迎接未来。

与此同时，我们希望能够重新定义你的学习场景，让你随时随地收获有内容、有价值的思想，通过阅读实现终身学习。这是我们的使命和价值。

湛庐阅读APP玩转指南

湛庐阅读APP结构图：

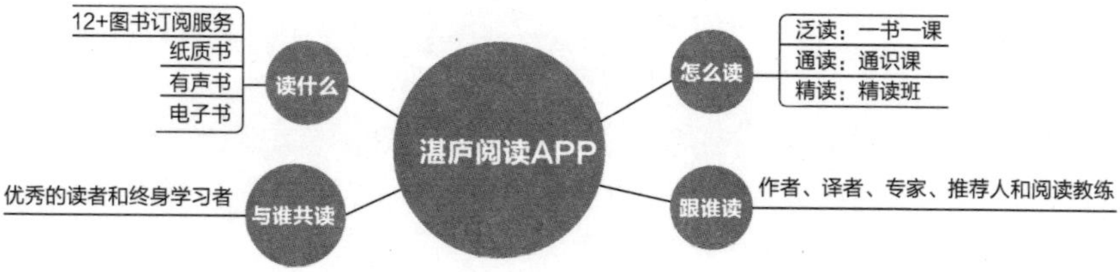

三步玩转湛庐阅读APP：

读一读 ▼

湛庐纸书一站买，
全年好书打包订

听一听 ▼

泛读、通读、精读，
选取适合你的阅读方式

扫一扫 ▼

买书、听书、讲书、
拆书服务，一键获取

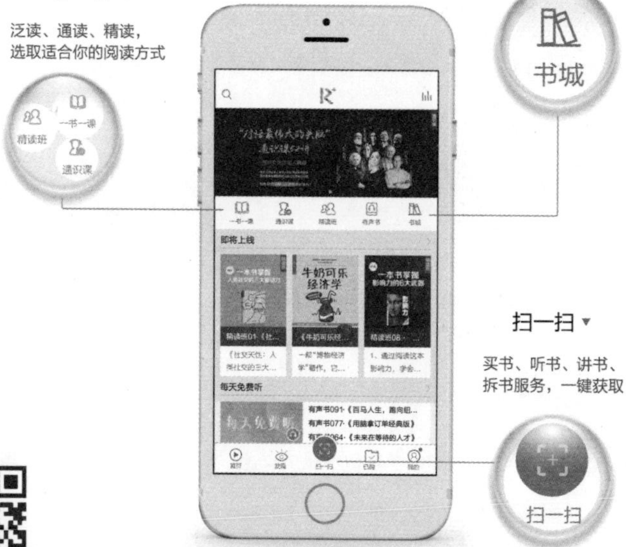

APP获取方式：
安卓用户前往各大应用市场、苹果用户前往APP Store
直接下载“湛庐阅读”APP，与最聪明的人共同进化！

使用APP扫一扫功能，
遇见书里书外更大的世界！

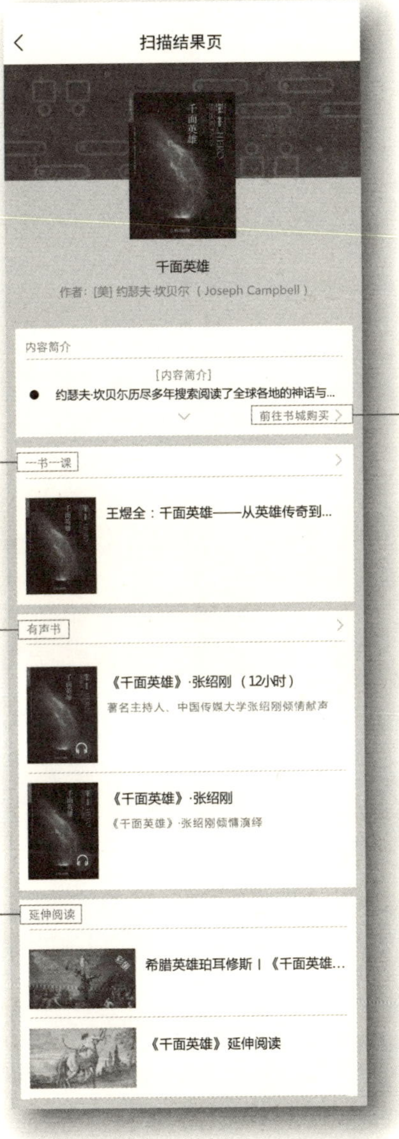

快速了解本书内容，
湛庐千册图书一键购买！

大咖优质课、
献声朗读全本一键了解，
为你读书、讲书、拆书！

你想知道的彩蛋
和本书更多知识、资讯，
尽在延伸阅读！

湛庐CHEERS

延伸阅读

《影响力（原书第5版）》

◎ “影响力教父”、著名社会心理学家、全球知名说服力研究权威罗伯特·西奥迪尼经典之作。

◎ 新增逾两倍一手案例，更鲜活的服从法则演示，更实用的影响力思考练习。

◎ 全球著名管理学大师汤姆·彼得斯、巴菲特的精神导师查理·芒格、硅谷创意大师盖伊·川崎鼎力推荐；斯坦福大学经典教材，有史以来全球发行量更高的教科书之一。

使用“湛庐阅读”APP，“扫一扫”获取本书更多精彩内容
ISBN 978-7-5596-3059-9

《战拖行动》

◎ 动机与拖延领域著名研究者皮尔斯·斯蒂尔所著。

◎ 解读3大拖延类型，提供4大战拖方法，从801项研究中总结出影响拖延的因素和拖延公式，让你可以对症下药克服拖延。

◎ “全球50位极具影响力的思想家”之一丹尼尔·平克、果壳网CEO姬十三、“战拖会”创始人高地清风等人联袂推荐。

使用“湛庐阅读”APP，“扫一扫”获取本书更多精彩内容
ISBN 978-7-5596-2938-8

《如何想到又做到》

◎ 行为科学领域新一代权威人士、美国加州大学预测技术研究院创始人肖恩·扬告诉你无需意志力，就可达成目标、实现成功的极简方法。

◎ 媲美《影响力》的行为改变科学，通过3种行为分类、7大武器组合助你实现持久改变。

◎ “影响力教父”罗伯特·西奥迪尼、认知行为专家埃米·莫林、《福布斯》全球50位人际关系大师之一乔丹·哈宾杰、知名主持人盖尔·艾伦等众多心理学、管理学大咖一致推荐。

使用“湛庐阅读”APP，“扫一扫”获取本书更多精彩内容
ISBN 978-7-5536-7491-9

《消极情绪的力量》

◎ 乔治梅森大学社交焦虑与性格优势实验室主任、临床心理学家托德·卡什丹与“积极心理学领域的印第安纳·琼斯”罗伯特·比斯瓦斯—迪纳联合力作。

◎ 颠覆了人们对自我消极情绪的全部认知，大大触及了人们的思维盲区，告诉人们消极情绪也有强大的积极力量。

◎《纽约》杂志“Best心理学图书”。《自控力》作者麦格尼格尔和《离经叛道》作者亚当·格兰特强力推荐！

使用“湛庐阅读”APP，“扫一扫”获取本书更多精彩内容
ISBN 978-7-213-09022-6

Title: The Joy of Leadership by Tal Ben-Shahar and Angus Ridgway, ISBN: 9781119313007

图书在版编目（CIP）数据

高效的方法 /（美）泰勒 · 本 – 沙哈尔，（英）安格斯 · 里奇韦著；王媛译. --成都：四川人民出版社，2019.6
ISBN 978-7-220-11386-4

Ⅰ.①高… Ⅱ.①泰… ②安… ③王… Ⅲ.①领导心理学 Ⅳ.①C933

中国版本图书馆CIP数据核字（2019）第093218号
著作权合同登记号
图字：21-2019-116

上架指导：心理学 / 畅销读物

GAOXIAO DE FANGFA
高效的方法
［美］泰勒 • 本 – 沙哈尔 ［英］安格斯 • 里奇韦 著 王媛 译

责任编辑：何佳佳 李 欣
版式设计：湛庐CHEERS
封面设计：ablackcover.com

四川人民出版社
（成都市槐树街 2 号 610031）
唐山富达印务有限公司 新华书店经销
字数 210 千字 720 毫米 ×965 毫米 1/16 印张 15.5 插页 1
2019 年 6 月第 1 版 2019 年 6 月第 1 次印刷
ISBN 978-7-220-11386-4
定价：69.90 元